Buscadores
do diálogo

Coleção
PERCURSOS & MORADAS
• *A casa da teologia* – Afonso Murad, Paulo Roberto Gomes e Súsie Ribeiro
• *Buscadores do diálogo* – Faustino Teixeira
• *Teoria teológica / Práxis teologal* – Francisco de Aquino Júnior

Buscadores do diálogo

Itinerários inter-religiosos

Faustino Teixeira

Dados Internacionais de Catalogação na Publicação (CIP)
(Câmara Brasileira do Livro, SP, Brasil)

Teixeira, Faustino
  Buscadores do diálogo / Faustino Teixeira. – São Paulo : Paulinas, 2012. – (Coleção percursos & moradas)

  ISBN 978-85-356-3290-3

  1. Diálogo 2. Ecumenismo 3. Pluralismo religioso 4. Relações inter-religiosas I. Título. II. Série.

12-10044   CDD-261.2

Índice para catálogo sistemático:

1. Diálogo inter-religioso e ecumenismo :
Cristianismo e outras religiões : Teologia   261.2
2. Ecumenismo e diálogo inter-religioso :
Cristianismo e outras religiões : Teologia   261.2

Direção-geral:	Bernadete Boff
Conselho editorial	Dr. Afonso M. L. Soares
	Dr. Antonio Francisco Lelo
	Me. Luzia Maria de Oliveira Sena
	Dra. Maria Alexandre de Oliveira
	Dr. Matthias Grenzer
	Dra. Vera Ivanise Bombonatto
Editores responsáveis:	Vera Ivanise Bombonatto e Afonso M. L. Soares
Copidesque:	Cirano Dias Pelin
Coordenação de revisão:	Marina Mendonça
Revisão:	Ruth Mitzuie Kluska
Assistente de arte:	Ana Karina Rodrigues Caetano
Gerente de produção:	Felício Calegaro Neto
Projeto gráfico:	Wilson Teodoro Garcia

1ª edição – 2012

Nenhuma parte desta obra poderá ser reproduzida ou transmitida por qualquer forma e/ou quaisquer meios (eletrônico ou mecânico, incluindo fotocópia e gravação) ou arquivada em qualquer sistema ou banco de dados sem permissão escrita da Editora. Direitos reservados.

Paulinas
Rua Dona Inácia Uchoa, 62
04110-020 – São Paulo – SP (Brasil)
Tel.: (11) 2125-3500
http://www.paulinas.org.br – editora@paulinas.com.br
Telemarketing e SAC: 0800-7010081

© Pia Sociedade Filhas de São Paulo – São Paulo, 2012

*A Pedro Casaldáliga,
amigo querido e buscador do Araguaia.*

Sumário

Apresentação (J. B. Libanio) 9

Prefácio (Marco Lucchesi) 15

Introdução 19

1. Thomas Merton: um itinerário dialogal 25
   Um buscador 27
   O apelo da contemplação 29
   Convocação à compaixão 34
   A abertura dialogal 35

2. Henri le Saux: nas veredas do Real 43
   Etapas de um itinerário dialogal 44
   Entre dois amores 57
   A abertura inter-religiosa 63

3. Raimon Panikkar: a aventura no solo sagrado do outro 69
   Traços biográficos 69
   Os apelos da Índia 74
   Um buscador permanente 77
   A intuição cosmoteândrica e a percepção do *advaita* 79
   O caminho do diálogo dialogal 81
   A cristofania 85
   A mística como experiência da vida 87

4. Louis Massignon: a hospitalidade dialogal 91
   O caminho da conversão 91
   O ciclo de Hallaj: um outro olhar sobre o Islã 95
   O ciclo de Abraão: o desafio da hospitalidade 98

O ciclo de Gandhi: a dinâmica da compaixão 101
Caminhos de vida interior 103

5. Simone Weil: uma paixão sem fronteiras 107
Passos de uma vida singular 108
A paixão pelos outros e pelo mundo 114
A simpatia inter-religiosa 115
No umbral da Igreja 118

Referências bibliográficas 123

Apresentação

J. B. Libanio

Já só o título revela projeto significativo: *Buscadores do diálogo*. Vivemos cultura paradoxal. De um lado, impera a solidão solipsista do indivíduo. L. Dumont considera o individualismo a ideologia da Modernidade. E acrescentaria que a Pós-Modernidade o reforça ainda mais. Nada de diálogo. O reinado do eu se impõe. Nem sempre de forma agressiva. Prefere prescindir do outro, desconhecê-lo, a gastar energia em combatê-lo. Em outros momentos, o individualismo veste-se da rudeza hobbesiana do *homo homini lupus* – o ser humano lobo para o ser humano. De outro lado, aí está o paradoxo, nunca se tornou tão fácil contatar pessoas de qualquer parte do mundo na rapidez dos correios eletrônicos, das redes sociais de relacionamento, blogs, Twitter, Orkut, MSN, Facebook etc. Levanta-se a pergunta: tais redes facilitam realmente o diálogo ou elas alimentam relações superficiais que se dissolvem a um menor clique do PC?

Faustino pretende ir fundo na questão do diálogo religioso. Não se contenta com qualquer contato. Teria três caminhos a trilhar. A pesquisa se encaminharia por reflexão teórica sobre o diálogo religioso, natureza, exigências, consequências e outros aspectos. Outro caminho partiria da experiência interior do escritor à guisa de autoanálise, tematizando-a para outros se verem nela refletida. Assim procedem os místicos do diálogo. E a terceira possibilidade, assumida por Faustino, escolhe autores importantes que viveram e escreveram sobre tal temática. E ao estudá-los, atingimos em profundidade a natureza mesma de tal diálogo.

O valor do trabalho depende, então, da relevância dos autores escolhidos e da maneira como o pesquisador se apropriou de suas riquezas. Pelos dois lados, o livro de Faustino excele. Escolheu Thomas Merton como homem do diálogo com o Budismo; Henri le Saux e Raimon Panikkar, que dialogaram com o Hinduísmo; Louis Massignon, que o fez com o Islã; e acrescentou a figura de Simone Weil, que vivenciou excelente experiência do encontro com o outro.

A chave principal de análise consiste na experiência do encontro com a alteridade. Embora vivenciada diferentemente pelos autores trabalhados, eles revelam elementos de tanta profundidade que alcançam valor universal. Cabe-lhes o termo de "clássicos do diálogo religioso" no sentido de tocarem de tal modo as raízes fundas do ser humano que se tornam exemplar, modelo, paradigma de diálogo para outras pessoas. Aí está o mérito da pesquisa.

No fundo, Faustino desvenda-nos nesses "buscadores de diálogo" a capacidade que tiveram de dar três passos fundamentais do diálogo existencial religioso. Antes de tudo, imergiram no mar da própria tradição religiosa, escafandrando-lhe as regiões abissais. Embora seduzidos pelas maravilhas vislumbradas, quiseram conhecer outros mares. Com a mesma paixão de perscrutadores dos próprios mistérios, visitaram outras tradições religiosas. Também aí mergulharam fundo. Com as duas paisagens sob o olhar, somaram, subtraíram, dividiram e multiplicaram-lhe belezas, em verdadeiro diálogo de cenários. Dessa viagem surgiram textos maravilhosos sobre os quais o leitor se delicia. Faustino, com outro olhar, retrata-nos o fruto do diálogo estabelecido e oferece-nos este livro.

Santo Tomás define o amor como o princípio do movimento que tende para o bem amado. Trabalha a categoria de conaturalidade para exprimir a afinidade entre quem busca e o que busca, tanto no nível da natureza, do apetite, como da vontade e liberdade. Os buscadores do diálogo conseguiram difícil dupla conaturalidade com a própria tradição religiosa e com a que dialogam. Isso implica extrema liberdade interior. Não se apegam ao próprio mundo a ponto de não perceber a diferença e o outro na sua consistência e valor. Pelo contrário, conjugam proximidade e distância, quer em face da sua tradição religiosa, quer da outra.

A exterioridade, a legalidade, o juridicismo impedem a transparência do diálogo. Os buscadores tiveram de lutar contra essas tendências tão fortes em todas as religiões para desenvolverem em si a percepção simbólica. Essa toca, sim, a exterioridade dos sinais, mas que remetem ao Mistério maior, inesgotável em face da pretensão da razão e inteligência humanas. O lado afetivo, amoroso vem em socorro. Eles realizam o que Pascal, em *Pensées*, intuíra: "O coração tem suas razões, que a própria razão desconhece".

Eles não encetaram tal trajetória superficialmente. Entregaram-se à difícil tarefa interpretativa em mundos tão distantes culturalmente, marcando os pontos de encontro e distância. E em ambos descobrem fonte de vida e verdade, que é o próprio Deus a agir. Este não cabe em nenhuma única revelação. Transborda para fazer-se presente em todas, a seu modo e conforme as possibilidades dos humanos naquele lugar e momento. Em ter a sensibilidade e lucidez de perceber tal ação de Deus consiste a grandeza dos buscadores do diálogo.

Enquanto estamos no universo puramente lógico, racional, sentimo-nos defendidos por suas regras. A dogmática de todas as religiões criou códigos de leitura e quem se afasta deles cai imediatamente na suspeita de heterodoxia. Quem enbereda, porém, pelo caminho do diálogo inter-religioso, que não cabe totalmente na moldura definida por cânones dogmáticos, arrisca ser incompreendido. Escapa da rigidez prevista pelas normas doutrinais e passeia em outros terrenos.

Os buscadores do diálogo fazem a paradoxal experiência, para não dizer quase contraditória, da relativização, não do Absoluto, mas no Absoluto. Esse sutil jogo de preposição revela a importância e seriedade de tais pensadores. Relativizar o Absoluto significa destruir toda tradição religiosa. As religiões nos religam com o Absoluto. Sem a margem a ponte não se sustenta. A margem impõe-se de maneira absoluta para qualquer ponte. Mas as pontes se constroem em diferentes pontos, de modos diversos, por engenheiros e operários de conhecimentos plurais. Quanta variedade de pontes que se apoiam na mesma margem! Nunca confundir a margem com a ponte, eis o desafio dos empreendedores do diálogo inter-religioso. Relativizam a ponte ao afirmar, ao mesmo tempo, o Absoluto da margem. E ao estudar a ponte, percebem em que pontos ela sinaliza o Absoluto e em que outros mostra a fragilidade dos construtores.

Perseguindo a metáfora, ao ver a margem absoluta diante de nós, e sabendo que nossa ponte lá conduz, nada impede que admiremos as outras pontes e que queiramos aprender de sua engenharia para melhorar a nossa ou também para passarmos aos outros construtores recursos da própria. O discurso sobre a ponte se faz sob dois olhares. Um dirige-se à margem. Aí comungamos num mesmo Absoluto, mesmo que com nomes diversos. Depois discutimos sobre as pontes em busca de aperfeiçoamento mútuo. Acontece, às vezes, que queiramos mudar de ponte ou, pelo menos, de experimentar outra, conservando ligação afetiva com a própria, sem abandoná-la definitivamente.

Outra belíssima metáfora nos ajuda a entender o diálogo inter-religioso: o naufrágio. Tomo-a de Bruno Forte, que, por sua vez, se inspira no escritor romano Lucrécio (I a.C.) e em Hans Blumenberg para interpretar a época Moderna e sua crise.[1] Ela vale dos buscadores de diálogo: "É *belo*, quando no mar se encontram os ventos e a escura vastidão das águas se agita, olhar da terra o longínquo naufrágio: não te alegra o espetáculo da destruição de outro, mas a distância de semelhante destino!".

A força da imagem joga com a terra firme, estável e segura e o mar fluido. O espectador do tempo de Lucrécio observa a cena do naufrágio estando seguro no terreno sólido das suas certezas. Assim estão as autoridades dogmáticas em face do diálogo inter-religioso. Bem assentadas nas verdades dogmáticas, observam o naufrágio das outras religiões.

No entanto, os buscadores de diálogo enfrentam outra situação, continuando a metáfora. Eles não têm as certezas dos dogmatistas. Sentem-se, como diria Pascal, "embarcados" na nave do diálogo, sem a estabilidade da terra, verdadeiros náufragos em relação à sua tradição religiosa anterior e ainda não firmes na nova com que dialogam. Não conhecem bem a onda em que andam à deriva no oceano. No fundo, eles mesmos igualam-se à onda sem as certezas anteriores. Como marinheiros, reconstroem, em pleno mar aberto, a nova nave do diálogo com os restos que lhes chegam do naufrágio dos dogmatismos das diferentes confissões religiosas e com outros materiais que continuam a afluir das culturas Moderna e Pós-Moderna de extrema fluidez, sem os antigos pontos de referência.

Para assumir tais empreendimentos, os autores estudados por Faustino, como Panikkar, percebem a necessidade de conjugar a inefabilidade da ex-

---

[1] FORTE, Bruno. *Etica e dialogo inter-religioso in un mondo globalizzato*. Convegno Mondiale dei Teologi Moralisti. Trento, 24 jul. 2010

periência religiosa e a possibilidade de penetrá-la. Basta ler este luminoso parágrafo do presente livro:

> Panikkar tem plena consciência do caráter inefável de uma experiência religiosa, de seu traço único e singular, que não pode ser comparável a outra. Há nela um mistério que é intransponível. Mesmo assim, reconhece a possibilidade de alguém falar duas linguagens experienciais, e ele mesmo é um exemplo vivo disso. Acredita ser possível alguém penetrar de modo "existencial e vital" em outras cosmovisões, de encarnar-se numa outra cultura, de penetrar sua linguagem e partilhar o seu mundo. Tudo isso de forma natural, desde que essa relação não comprometa as "próprias intuições fundamentais".

Tal capacidade de articulação se faz presente nos outros autores estudados, como o próprio Faustino assevera no parágrafo seguinte ao citado. As experiências com que eles se defrontam variam, mas a atitude básica de respeito e abertura encontra-se em todos eles. Indo mais fundo, habita os buscadores do diálogo a experiência de viver entre dois amores, como tão bem aparece na vida de Henri le Saux, ao referir-se ao Cristianismo e ao Hinduísmo. Ao falar de Louis Massignon em diálogo com o Islã, a mesma experiência aparece, mas agora sob a chave hermenêutica da hospitalidade, cuja origem bíblica remonta a Abraão. E a figura de Thomas Merton encarna a ideia de um buscador sempre em "viagem para um rumo que só Deus conhece". Povoavam-lhe "a vida três apelos interiores: o apelo da contemplação, da convocação à compaixão e da abertura dialogal". A abertura para o diálogo firma-se-lhe na última etapa da vida, embora a sensibilidade dialogal já lhe tenha nascido mais cedo. E entra nessa lista a figura maravilhosa de Simone Weil: uma paixão sem fronteiras pelos outros e pelo mundo, unida a uma simpatia inter-religiosa para terminar no umbral da Igreja.

O leitor defronta-se neste livro com vidas maravilhosas. Na cultura presente, marcada pelo paradoxo da superficialidade indiferente e do fanatismo fundamentalista, torna-se privilégio conhecer pessoas de nosso tempo que consagraram a vida à paixão de experiências religiosas profundas e ao diálogo inter-religioso, superando os dois óbices atuais. Que o leitor navegue com coragem por esses mares maravilhosos e encha a vista de belezas espirituais. Boa viagem!

Prefácio

Marco Lucchesi

Faustino Teixeira é o poeta do diálogo, sob todas as formas e desdobramentos. Não se detém na dimensão mínima da tolerância, tão recorrente em nossos dias, como se esta não fosse mais que uma concessão, um parêntese, um salvo-conduto, que não atinge uma única centelha da alteridade.

Ele ultrapassa o limite de uma tolerância cômoda e arrosta o coração do Diferente. Um Outro que não se reduz, seja ao capítulo do bizarro, seja ao dos direitos civis. Outro que caberia num museu de curiosidades macabras ou das barganhas políticas.

Faustino aposta na alteridade plena, no corpo transparente da palavra, no rosto luminoso de que fala Lévinas. Diálogo em perene construção, assumindo um feixe de riscos, dentro e fora do esboço de uma teologia das religiões. Eis a questão sutil que move esses cinco buscadores, dentre os quais Faustino é indubitavelmente o sexto, promovendo uma demanda em torno do Graal da mística inter-religiosa. Esta é a casa de Faustino Teixeira: uma só pergunta produz um sem-número de janelas. Hermenêutica que se apoia sobre uma dialética necessariamente quebrada e parcial, segundo Ricoeur, para que a síntese não produza o esquecimento das origens. Faustino prefere decerto a paralaxe, de Slavoj Žižek, evitando assim a dissolução da tese e da antítese, capaz de interromper o fluxo da memória das partes em conflito, dos pontos de vista de partida e dos possíveis corolários que procuram a proximidade com o Outro. *Ich und Du*. Eu e Tu. Faustino assume um discurso sofisticado: feito de lacunas e imprecisões. O que poderia resultar numa diminuição é aqui a vantagem do método. O diálogo inaugural sonda, incerto, um sem-número de direções. Se chegasse completo, não atingiria o Outro.

Uma entrega absorvente, a de Faustino, rumo ao que parece distante do que somos (ou que pensamos que). Não apenas uma aventura intelectual, mas um itinerário espiritual. Assumida a condição de teólogo leigo, católico, o que lhe dá uma riqueza toda especial, alia uma cerrada reflexão epistêmica sobre as ciências da religião, que ajudou a consolidar em nosso País. Não elege um aparato filosófico restrito, tampouco uma adesão do tipo *Roma locusta*. Tende para uma *città aperta*, que responda pela sabedoria do coração. Seria uma lástima se optasse pelo núcleo duro da filosofia. Ela respira claramente nestas páginas mediante uma razão mista ou impura. Entra por uma forma de contágio sutil. Não lhe faltam interfaces. Mas como tecer o diálogo escondendo uma série de aporias se é justamente por causa delas que a busca é deflagrada?

Vejam aqui a passagem oportuna sobre Simone Weil, que bem revela o sentimento de uma nascente teologia das religiões:

> Desde o período de Marselha, a questão da possibilidade da salvação fora da Igreja torna-se para Simone uma questão crucial. Ponderava em carta ao padre Perrin que a atitude tradicional da Igreja com respeito às religiões rebaixava não apenas as outras religiões, mas também a própria religião católica. Nada mais importante para ela do que a pureza de um coração que invoca a Deus, independentemente de filiação religiosa. Dizia que, sempre que um homem invocou com um coração puro a Osíris, Dionísio, Krishna, Buda, o Tao etc., o Filho de Deus respondeu enviando-lhe o Espírito Santo. Esta fé de Simone tem respaldo em sua compreensão de um Deus que é sobretudo amor. Em sua perspectiva, a verdade essencial relativa a Deus é que ele é bom. E é bom muito antes de ser "poderoso". Daí também sua dificuldade com alguns textos do Antigo Testamento, que lera integralmente já adulta em Paris e Marselha. A leitura da Bíblia provocou um impacto negativo em Simone, sobretudo em razão de passagens do Antigo Testamento que vinham acompanhadas de violência: os massacres e extermínios recorrentes, alguns deles relacionados com a vontade de Deus. Mas havia também textos do Antigo Testamento que ela admirava, como alguns salmos, certas passagens do Livro de Isaías, o Cântico dos Cânticos e sobretudo o Livro de Jó.

Penso em Faustino como um teólogo de fronteira, o coração dividido entre duas cidades: o *quinto evangelho* de Isaías e o Cântico dos cânticos. Teólogo cujo ponto de partida reside na delicadeza. No imo de seu labor teológico, no centro de sua constituição, a delicadeza é uma cláusula pétrea. Parte crucial da busca, que se desdobra na ética da aventura, abraça um horizonte em construção. Atingível, em parte, nos matizes éticos de uma escuta sempre mais atenta. Vigor e delicadeza, ao fim e ao cabo.

O que Faustino disse de Panikkar pode ser tributado ao seu próprio pensamento:

> Talvez a contribuição mais decisiva que deixou como legado foi de afrouxar os nós do etnocentrismo cristão e favorecer uma nova atitude para com as outras tradições religiosas: de abertura, hospitalidade e acolhida. Mostrou com vitalidade e vigor que o verdadeiro diálogo requer dos interlocutores um profundo respeito e cuidado com o enigma do outro. No diálogo caminha-se sobre um "solo sagrado", e os interlocutores devem estar desarmados para viver a dinâmica de reciprocidade de dons que esse encontro revela e traduz. Foi um grande "virtuoso do pluralismo religioso", um assíduo defensor da diversidade irredutível e irrevogável que marca o mundo das religiões. Pontuou igualmente a centralidade da dimensão espiritual para o exercício dialogal, enfatizando a importância da humildade, do despojamento e da pureza de coração para a afirmação de uma nova disponibilidade de encontro autêntico com o diferente.

Faustino tem afrouxado os nós, as aduanas e as formas rígidas de todas as fronteiras, constituindo-se uma voz solitária para o diálogo, *solus cum Solo*, entre Rûmî e Ibn Arabî, João da Cruz e Maria Zambrano, as teologias da alta e da baixa Modernidade. Um percurso atrevido. Delicado. Humilde. E ambicioso. Como quem espera o encontro luminoso com o Simurg da Pérsia, para o qual aponta, comovida, a linguagem dos pássaros.

Introdução

A presente obra faz parte de um projeto de pesquisa mais amplo, financiado pelo CNPQ, envolvendo os buscadores de diálogo. A ideia nasceu com a leitura do livro de Jacques Vidal, *L'Église et les religions* (Paris: Albin Michel, 1992). Esse autor tinha como propósito ministrar, em 1987, um seminário no Instituto Católico de Paris, sobre o tema dos buscadores de diálogo (*chercheurs de dialogue*). No folheto explicativo sobre a proposta do curso, assinalava que a aventura de tais buscadores prefigurava o desenvolvimento dos estudos de religião comparada. Sua proposta não teve realização, pois foi colhido pela morte em setembro de 1987. Sua intenção era trabalhar alguns autores, entre os quais, Jules Monchanin, Henri le Saux, Bede Griffiths, Raimon Panikkar, Eric de Rosny e Yves Raguin.[1]

Foi com base nessa ideia que dei início à pesquisa sobre os buscadores de diálogo. Enquanto professor do Programa de Pós-Graduação em Ciência da Religião da UFJF, criei uma disciplina com o mesmo nome e igualmente um projeto de pesquisa, envolvendo os alunos interessados na temática. O objeto do livro foi, assim, sendo construído paulatinamente, com a pesquisa sobre alguns autores cristãos que fizeram a experiência de travessia no mundo do outro. Para compor o trabalho, privilegiei algumas experiências pioneiras, dentre as quais a de Thomas Merton (1915-1968) – no diálogo com o Budismo –, Henri le Saux (1910-1973) e Raimon Panikkar (1918-2010) – no diálogo com o Hinduísmo –, e Louis Massignon (1883-1962) – no diálogo com o Islã. Acrescentei, ainda, a experiência de Simone Weil (1909-1943), que, mesmo não vinculada explicitamente ao Cristianismo, viveu uma das experiências mais ricas de encontro com o outro.[2]

---

[1] VIDAL, Jacques. *L'Église et les religions.* Paris: Albin Michel, 1992. p. 144ss.

[2] Os ensaios aqui reunidos foram publicados inicialmente nas seguintes revistas: Thomas Merton (*Encontros Teológicos*, v. 22, n. 2, p. 141-155, 2007); Henri le Saux (*Perspectiva Teológica*, v. 40, n. 111, 2008); Raimon Panikkar (*Perspectiva Teológica*, v. 42, n. 118, 2010); Louis Massignon (*Perspectiva Teológica*, v. 42, n. 116, 2010); Simone Weil (*Convergência*, v. 43, n. 411, 2008). Mudanças foram realizadas para a presente publicação.

Esses buscadores do diálogo viveram em profundidade a experiência do encontro com a alteridade. Não viam como suficiente um diálogo restrito à assimilação de elementos de exterioridade da outra tradição, mas moviam-se por sede mais intensa, na busca de captação de uma dimensão de maior profundidade. Como bem sinalizou o teólogo Michael Amaladoss, é na experiência religiosa concreta que temos acesso aos sinais do Transcendente ou do Supremo. Os símbolos religiosos apenas aludem ao Mistério que escapa a qualquer apreensão. Mas não há como compreender tais símbolos senão mediante o paciente trabalho de interpretação, que envolve a aproximação da tradição histórica e cultural, do contexto espiritual e vivencial nas quais eles foram gestados. Considerando que tais símbolos "não transmitem um mero conhecimento, mas uma experiência, alguém que não tenha tido a experiência e que a está procurando fora da tradição talvez não a consiga interpretar de modo autêntico".[3] Foi em busca desta experiência, vivida em profundidade, que esses buscadores firmaram o seu itinerário dialogal. Foram peregrinos que assumiram o "risco" de uma travessia novidadeira, marcada pelo encontro criador de uma experiência religiosa pontuada por duas tradições distintas. Essa aventura não significou uma relativização da tradição de pertença, mas uma densa e rica experiência espiritual, marcada pela "comunicação em profundidade", que não se detém diante das diferenças. Em razão do alcance e realização da experiência tradicional e interior, tais peregrinos vivem uma liberdade única diante das formas exteriores. Manifestam radical abertura "à vida e à nova experiência por terem utilizado integralmente sua própria tradição e a ter ultrapassado".[4]

O itinerário desses buscadores envolve a complexa questão da possibilidade ou não de uma dupla pertença religiosa. Fala-se em dupla pertença religiosa quando alguém se sente realmente interpelado a viver e praticar simultaneamente duas tradições religiosas. Os teólogos das religiões que se debruçam sobre a questão evitam fazer um juízo absoluto a respeito, mas julgam ser necessário refletir a respeito com base na experiência vivida:

---

[3] AMALADOSS, Michael. *Pela estrada da vida*. Prática do diálogo inter-religioso. São Paulo: Paulinas, 1996. p. 30.

[4] MERTON, Thomas. *O diário da Ásia*. Belo Horizonte: Vega, 1978. p. 248.

Afirmar *a priori* que essa dupla pertença é totalmente impossível seria contradizer a experiência, uma vez que esses casos não são nem raros nem desconhecidos. É o caso de lembrar aqui que a teologia das religiões não pode se contentar com deduções *a priori* a partir de princípios doutrinais tradicionais, mas deve seguir um método primariamente indutivo, ou seja, partir da realidade vivida, para depois procurar seu significado à luz do dado revelado. Ora, não se pode negar que não poucas pessoas, cuja sinceridade e confiabilidade estão para além de qualquer suspeita, fizeram e estão fazendo a experiência de harmonizar na própria vida de fé e prática religiosa a sua fé cristã e a dedicação total à pessoa de Jesus com elementos de uma outra experiência de fé e de um outro compromisso religioso. Ambos os elementos podem ser harmonizados na experiência pessoal em vários graus e de diversos modos.[5]

O autêntico diálogo inter-religioso requer esse exercício positivo de envolver-se, o quanto possível, na experiência religiosa do outro, de deixar-se habitar pelo seu enigma e enriquecer-se com sua novidade. Não há como escapar desse intercâmbio criativo num tempo marcado pela mundialização. Há que levar a sério o pluralismo religioso. Se existem dificuldades de encontro no âmbito da "religião como sistema", aberturas são favorecidas no âmbito da "experiência interior". É nesse âmbito de maior profundidade, das experiências religiosas, que ocorre o clima mais propício para o diálogo inter-religioso:

> A nível mais profundo, homens radicados nas próprias tradições religiosas podem compartilhar as suas experiências de oração, de contemplação, de fé e de compromisso, expressões e caminhos da busca do Absoluto. Este tipo de diálogo torna-se enriquecimento recíproco e

---

[5] DUPUIS, Jacques. *O cristianismo e as religiões*. Do desencontro ao encontro. São Paulo: Loyola, 2004. p. 288. Ver, ainda: Id. *Rumo a uma teologia cristã do pluralismo religioso*. São Paulo: Paulinas, 1999. p. 518-519. Em linha de sintonia com Dupuis, ver, ainda, as posições de M. Amaladoss e C. Geffré: GIRA, Dennis; SCHEUER, Jacques (eds.). *Vivre de plusieurs religions*. Paris: Les Éditions de L'Atelier, 2000. p. 51-53 e 133-137.

cooperação fecunda, na promoção e preservação dos valores e dos ideais espirituais mais altos do homem.[6]

As experiências dialogais, vividas em profundidade, podem suscitar uma perspectiva inédita de Cristianismo, ou seja, de uma "síntese inédita" entre os valores positivos do Cristianismo e das outras religiões. O Cristianismo mesmo pode ser transformado e transfigurado pela presença de perspectivas singulares oferecidas pelas outras religiões, que facultam a possibilidade de captação de virtualidades e potencialidades do Mistério que não foram explicitadas no âmbito do próprio Cristianismo histórico.

Os buscadores de diálogo podem também ser definidos como "pessoas liminares", pois vivem intensamente a experiência do limite. Esse é um tema que foi muito trabalhado na antropologia, relacionado aos estudos sobre os ritos de passagem. Como mostrou Victor Turner,

> os atributos de liminaridade, ou de *personae* (pessoas) liminares são necessariamente ambíguos, uma vez que esta condição e estas pessoas furtam-se ou escapam à rede de classificações que normalmente determinam a localização de estados e posições num espaço cultural. As entidades liminares não se situam aqui nem lá; estão no meio e entre as posições atribuídas e ordenadas pela lei, pelos costumes, convenções e cerimonial.[7]

A liminaridade envolve sempre um risco, pois as pessoas que vivem uma tal situação são permeadas por certa invisibilidade e escuridão. Por não se enquadrarem com clareza nos sistemas tradicionais de classificação, e viverem nas fronteiras, as pessoas liminares são vistas como "perigosas" e "contagiantes". São pessoas que estão em "situação marginal", com *status* indefinido, mas participam de um "poder" que é percebido como ameaçador. Na visão da antropóloga Mary Douglas, "o perigo está nos estados de transição, simplesmente porque a transição não é nem um estado nem o seguinte,

---

[6] SECRETARIADO PARA OS NÃO CRISTÃOS. *A Igreja e as outras religiões. Diálogo e Missão*. São Paulo: Paulinas, 2001. n. 35.

[7] TURNER, Victor W. *O processo ritual*. Estrutura e antiestrutura. Petrópolis: Vozes, 1974. p. 117.

é indefinível. A pessoa que tem de passar de um a outro está ela própria em perigo e o emana a outros".[8]

Mas a "saída" de um mundo e a inserção num outro não significa, necessariamente, o rompimento com a identidade, como muitos tendem a pensar. Na verdade, a mudança de perspectiva pode favorecer uma nova forma de domiciliação no mundo particular. O mesmo "movimento que nos leva para fora do nosso próprio mundo [...] acaba por nos trazer mais para dentro dele".[9] Para além de um "simples deslocar-se no espaço", o movimento de abertura ao outro acaba favorecendo uma melhor inteligência da própria identidade e o desvelamento de uma verdade ainda mais profunda do que aquela vivenciada anteriormente.

As inúmeras dificuldades enfrentadas pelos buscadores de diálogo ganham luz quando se reflete sobre sua situação liminar. Foram peregrinos audazes e ousados na sua busca do Mistério, na sua sede de alteridade. Mas são, sobretudo, exemplos de uma perspectiva nova e de uma busca profunda, que rompe com a mesmidade de um mundo monocromático e suscitam a plausibilidade de um domínio mais rico e plural. É essa aventura arriscada, no solo sagrado do outro, de buscadores singulares, que este livro pretende abordar.

---

[8] DOUGLAS, Mary. *Pureza e perigo*. São Paulo: Perspectiva, 2010. p. 119.
[9] DA MATTA, Roberto. *Relativizando*. Uma introdução à antropologia social. 2. ed. Rio de Janeiro: Rocco, 1990. p. 153.

1
Thomas Merton: um itinerário dialogal

Thomas Merton revela-se uma das figuras mais impressionantes e influentes na Igreja Católica romana do século XX.[1] Foram poucos os contemplativos que provocaram tamanho impacto no âmbito de sua Ordem religiosa, como igualmente na Igreja e na sociedade como um todo. Revelou-se como alguém desconcertante, polêmico, provocador. Sua atuação dividiu opiniões. O seu itinerário espiritual rompe com os padrões habituais e normalmente aceitos: consegue articular a experiência rigorosa da Trapa com o Budismo zen; sua experiência contemplativa com a luta contra o racismo e em favor da não violência. Sua reação é firme contra a guerra do Vietnã e outras atrocidades de seu tempo. Toda a sua vida foi marcada pela busca da autenticidade e pela sede do Mistério de Deus.[2]

Thomas Merton nasce em Prades, nos Pirineus franceses, em 31 de janeiro de 1915. Seu pai era da Nova Zelândia e sua mãe, americana. Ambos eram artistas. Recebeu sua formação na França, Inglaterra e Estados Unidos. Depois de uma temporada no College de Cambridge, na Inglaterra, Merton fixa-se na cidade de Nova York, inscrevendo-se aos vinte anos na Columbia University. Nessa universidade, situada no coração de Nova York, seguirá muitos cursos: espanhol, alemão, geologia, direito constitucional e literatura francesa. Obtém ali, em 1938, a láurea em literatura inglesa, com um trabalho sobre o poeta e místico William Blake. A retomada do Cristianismo, após um período de flerte com o comunismo, aconteceu por volta de 1938. A leitura de um livro de Étienne Gilson sobre o *espírito* da filosofia medieval,

---

[1] A mais clássica e completa biografia de Merton foi escrita por Michael MOTT, *The Seven Montains of Thomas Merton* (Boston: Houghton Mifflin, 1984).
[2] FARCET, Giles. *Thomas Merton, un trappista face à l'Orient*. Paris: Albin Michel, 1990. p. 31-32.

realizada um pouco antes, desperta o seu olhar para o Cristianismo místico e, sobretudo, para o Deus misericordioso. Acende-se em Merton a vontade de completar o trabalho de conversão, de união e de paz: "Desejei logo dedicar minha vida a Deus, ao seu serviço".[3] Será igualmente importante o seu encontro com o monge hindu Bramachari, em 1938, ao qual dedica algumas páginas de seu diário.[4] Algo de comum os unia, sobretudo a busca de um gênero de vida no qual Deus pudesse ocupar um lugar central. Do guru indiano Merton receberá um conselho desconcertante: "Existem belíssimos livros místicos escritos pelos cristãos. Você devia ler as *Confissões* de Santo Agostinho e *A imitação de Cristo*".[5] Curiosamente, a atenção de Merton para o Oriente provocava, como retorno, um convite ao maior aprofundamento da tradição mística ocidental. A decisão de Merton pelo sacerdócio aconteceu simultaneamente ao processo do aprofundamento de sua vida religiosa. Depois de tomar conhecimento das várias Ordens religiosas, optou pelos franciscanos. Esse projeto não teve, porém, continuidade. Sua vocação religiosa acabou encontrando guarita entre os trapistas[6] em Kentucky, na Abadia de Nossa Senhora de Gethsemani. Ali chega no ano de 1941, permanecendo na comunidade até 1968, sendo que os últimos três anos como eremita.

Durante os vinte e seis anos em que permaneceu vinculado aos trapistas, foram raras as ocasiões em que conseguiu permissão para sair da abadia. Já nos últimos anos de sua vida, no ano de 1968, consegue autorização para fazer uma viagem ao Extremo Oriente. Passa por Bangcoc, Calcutá, Nova Déli, até chegar aos Himalaias, objeto maior de seu desejo espiritual. Na ocasião, visita vários mosteiros da tradição budista, entra em contato por mais de uma vez com o dalai lama e outros grandes rimpoches,[7] fala para representantes de outras tradições religiosas etc. Toda a riqueza da viagem encontra-se descrita na última obra de Merton – *Diário da Ásia* –, publicada após seu falecimento.[8] Merton encontrou a morte, de forma repentina e

---

[3] MERTON, Thomas. *A montanha dos sete patamares*. 6. ed. São Paulo: Mérito, 1958. p. 226.

[4] Ibid., p. 214-219.

[5] Ibid., p. 219.

[6] A Ordem dos Cistercienses, de estreita observância.

[7] Rimpoche é um título de deferência no Budismo tibetano conferido a um lama mais graduado ou mestre espiritual.

[8] MERTON, Thomas. *Diário da Ásia*. Belo Horizonte: Vega, 1978.

inesperada, no dia 10 de dezembro de 1968. Ele estava em Bangcoc, onde proferira uma conferência sobre o tema marxismo e perspectivas monásticas durante a manhã. Durante o descanso, após o almoço, morreu eletrocutado por um ventilador elétrico em seu quarto.[9]

Um buscador

Thomas Merton foi antes de tudo um buscador. Toda a sua vida foi marcada pela ideia da partida, da viagem para um rumo que só Deus conhece. Este autor lembra, ao final de sua clássica obra *A montanha dos sete patamares*: "Num certo sentido, estamos sempre viajando, e viajando como se não soubéssemos para onde vamos [...]. Não podemos alcançar a posse perfeita de Deus nesta vida e é por isso que estamos viajando, e no escuro".[10] Em outra clássica oração, inserida na obra *A liberdade da solidão*, reflete:

> Senhor, meu Deus, não sei para onde vou. Não vejo o caminho diante de mim. Não posso saber com certeza onde terminará. Nem sequer, em realidade, me conheço, e o fato de pensar que estou seguindo a tua vontade não significa que, em verdade, o esteja fazendo. Mas creio que o desejo de te agradar te agrada realmente. E espero ter esse desejo em tudo que faço...[11]

Foi também um místico ousado, que se deixou impulsionar pela vocação de "seguir adiante", de "alargar cordas" e ultrapassar fronteiras. Na sua visão, apegar-se ao passado, entendido como um momento desligado da vitalidade que o liga ao tempo, era algo problemático. O desafio maior era saber ouvir com sensibilidade e atenção os sinais dos tempos, mas sempre acompanhando essa vocação com uma vida interior verdadeira e profunda. Diz em seu diário, em setembro de 1959: "Minha obrigação é não parar de avançar, crescer interiormente, rezar, livrar-me dos apegos e desafiar os medos, aumentar minha fé, que tem sua própria solidão, procurar uma pers-

---

[9] Ibid., p. 270-272.
[10] Id., *A montanha dos sete patamares*, p. 8. Id. *Diálogos com o silêncio*. Rio de Janeiro: Fissus, 2003. p. 13.
[11] Id. *Na liberdade da solidão*. Petrópolis: Vozes, 2001. p. 66.

pectiva inteiramente nova e uma nova dimensão em minha vida".[12] Suas ideias estavam sempre em gestação contínua,[13] sendo os motes de sua vida a autorrevisão e o crescimento. E o olhar sempre voltado para o Real, ou seja, o centro que dava sentido à sua vida.

Para Merton, a tentação mais problemática presente na vida monástica, que ele rechaçou todo o tempo, é a de "desistir de indagar e procurar". A força de sua trajetória foi sempre lutar contra a "recusa de viver". Seu recorrente empenho foi contra a resignação e a obediência passivas, em favor da liberdade e do exercício do amor desimpedido. Nada mais distante do Cristianismo, para ele, do que "desesperar do presente" e adiar a esperança para um futuro incógnito. Como bem sublinhou, "existe também uma esperança muito essencial que pertence ao presente e está baseada na proximidade do Deus oculto e do seu Espírito no presente".[14]

Nas vésperas de sua viagem à Ásia, cinco meses antes de sua prematura morte, Merton escreve em carta a Ernesto Cardenal: "Tenho uma sensação precisa de que se está abrindo um novo horizonte e não sei bem o que é. Se é algo na Ásia, então necessitarei de uma graça muito especial".[15] Foi uma viagem decisiva para Thomas Merton, mas que terminou de forma muito inesperada. Nela se desvelaram traços significativos de sua abertura dialogal. Isso se deu em razão da disponibilidade com que o místico se entregou a esse novo momento em sua vida e, sobretudo, à sede de aprendizado que marcou essa sua peregrinação. Ele sabia que tinha algo a oferecer, mas muito mais a aprender com os orientais.[16] Ao partir para a Ásia, em setembro de 1968, relata em seu diário:

> Vou com a mente de todo aberta. Sem ilusões especiais, espero. Minha esperança é simplesmente desfrutar da longa viagem, dela tirar proveito, aprender, mudar, talvez encontrar alguma coisa ou alguém que me ajude a avançar em minha própria busca espiritual. [...] Sinto que

---

[12] HART, Patrick; MONTALDO, Jonathan (eds.). *Merton na intimidade*. Rio de Janeiro: Fissus, 2001. p. 163.
[13] Ibid., p. 244.
[14] MERTON, Thomas. *Reflexões de um espectador culpado*. Petrópolis: Vozes, 1970. p. 213.
[15] Id.; CARDENAL, Ernesto. *Correspondência (1959-1968)*. Madrid: Trotta, 2003. p. 190 (carta datada de 21 de julho de 1968).
[16] FARCET, *Thomas Merton, un trappista face à l'Orient*, p. 18.

aqui não há muito para mim no momento e que preciso me abrir para um monte de novas possibilidades. [...] A grande coisa é corresponder perfeitamente à Vontade de Deus nessa ocasião providencial, seja o que for que ela traga.[17]

O apelo da contemplação

Thomas Merton teve em sua vida três apelos interiores: o apelo da contemplação, da convocação à compaixão e da abertura dialogal. Sua vocação mais forte foi sempre a monástica. A sede de *contemplação* traduz o toque de sua personalidade. A oração e a solidão constituíam seus dois amores, e foram ganhando consistência no engajamento crescente de Merton com a vida eremítica, a partir de 1965. Relata em seu diário a grande satisfação de poder aprofundar sua experiência pessoal e a relação com Deus na ermida de Gethsemani. Uma experiência de "solidão sonora", quando "as cordas são largadas e o barco já não está mais preso à terra, mas avança para o mar sem amarras, sem restrições! Não o mar da paixão, pelo contrário, o mar da pureza e do amor sem preocupações".[18] Esta experiência é vista por ele como essencial para o despojamento interior e a afirmação de uma vida autêntica. O desafio de viver a plenitude do silêncio e a paz verdadeira: "[...] sair de mim pela porta do eu, não porque o queira, mas porque fui chamado e devo atender".[19] O eremitério é fonte de perene alegria:

> É uma delícia. Não posso imaginar outra alegria na Terra além de ter um tal lugar e nele ficar em paz, viver em silêncio, pensar e escrever, ouvir o vento e todas as vozes da mata, viver à sombra da grande cruz de cedro, preparar-me para minha morte e meu êxodo para o país celestial, amar meus irmãos e todas as pessoas, rezar pelo mundo todo e pela paz e o bom senso entre os homens.[20]

---

[17] HART; MONTALDO, *Merton na intimidade*, p. 386.
[18] Ibid., p. 270.
[19] Ibid., p. 274. Ver também: MERTON, Thomas. *Semi di contemplazione*. Milano: Garzanti, 1991. p. 26.
[20] HART; MONTALDO, *Merton na intimidade*, p. 272.

Na visão de Merton, o contemplativo é alguém que busca entender o sentido da vida com a integralidade de todo o seu ser,[21] escalando as profundidades mais secretas de seu mundo interior. É também alguém que está com a mente alerta, atento aos pequenos sinais do cotidiano, agudizando os sentidos para perceber o canto do universo e a centralidade do Real. Como mestre de noviços na Trapa, tendo entre seus orientandos o poeta e místico Ernesto Cardenal, Merton buscava mostrar que a vida contemplativa não era nada mais do que a "experiência da vida", a integração do humano à experiência do Real. Algo muito simples, sem complicações: "[...] a vida do contemplativo era simplesmente viver, como o peixe na água".[22] Para Merton, a vida espiritual estava integrada no tempo. E essa foi uma percepção que foi crescendo em sua consciência, tendo como marco a experiência de Louisville (1958), em pleno centro comercial, quando se deu conta de que a experiência contemplativa implica o amor a todas as pessoas:

> Minha solidão não é minha, pois vejo agora quanto ela lhes pertence – e que tenho uma responsabilidade em relação a eles, e não apenas minha. [...] Aconteceu, então, subitamente, como se eu visse a secreta beleza de seus corações, a profundeza de seus corações onde nem o pecado, nem o desejo, nem o autoconhecimento podem penetrar. Isto é, o cerne da realidade de cada um, da pessoa de cada um aos olhos de Deus. Se ao menos todos eles pudessem ver-se como realmente são. Se ao menos pudéssemos ver-nos uns aos outros deste modo, sempre. Não haveria mais guerra, nem ódio, nem crueldade, nem ganância... Suponho que o grande problema é que cairíamos todos de joelhos, adorando-nos uns aos outros.[23]

Curiosamente, quanto mais Merton adentrava na vida eremítica e solitária mais dilatava sua percepção da "bondade de todas as coisas", sendo

---

[21] MERTON, Thomas. *Poesia e contemplação*. Rio de Janeiro: Agir, 1972. p. 22. Na visão de Merton, "a verdadeira contemplação é inseparável da vida e do dinamismo da vida – que inclui trabalho, criação, produção, fecundidade e sobretudo amor. [...] A contemplação é a própria plenitude de uma vida inteiramente integrada": ibid., p. 184.

[22] CARDENAL, Ernesto. *Vida perdida. Memórias 1*. Madrid: Trotta, 2005. p. 144 e 204.

[23] MERTON, *Reflexões de um espectador culpado*, p. 182-183.

tocado pela provocação de viver o desafio da alteridade.[24] A seu ver, uma solidão que não é animada pelo amor nada significa, pois é ele que dá sentido à vida: "[...] a verdadeira solidão abraça tudo, porque é a plenitude do amor que não rechaça nada nem ninguém, e está aberta a Tudo em Tudo".[25] Para Merton, no íntimo do ser humano, em seu centro, há um "ponto virgem", um ponto como que vazio, de pura verdade, que favorece a abertura das portas da percepção do Real. Trata-se de um ponto que pertence radicalmente a Deus: "[...] esse pontinho 'de nada' e de *absoluta pobreza* é a pura glória de Deus em nós".[26] Em sua rica experiência na Trapa, Merton pôde sinalizar essa presença do "ponto virgem" na aragem da aurora. O hábito de acordar muito cedo, em torno das duas e quinze da madrugada, favoreceu o acompanhamento do despertar misterioso do dia, da expectativa da "escuta do inesperado":

> Os primeiros pios dos pássaros que despertam marcam o *point-vierge* da aurora sob um céu ainda desprovido de luz real. É um momento de temor reverente e de inexprimível inocência, quando o Pai, em perfeito silêncio, lhes abre os olhos. [...] O momento mais maravilhoso do dia é aquele em que a criação, em sua inocência, pede licença para "ser" de novo, como foi na primeira manhã que uma vez existiu. Toda sabedoria procura preparar-se e manifestar-se neste ponto cego e suave.[27]

Há em Merton uma sede infinita pelo mistério que habita o recanto mais secreto do ser humano e que brilha na criação. Trata-se de um mistério desconhecido, que habita dimensões profundas e que é "eterno descobrimento". A natureza serve de inspiração para o místico perceber a importância do

---

[24] MERTON, Thomas. *Na liberdade da solidão*. Petrópolis: Vozes, 2001. p. 92. BIANCHI, Enzo. Prefazione. In: ALLCHIN, D. et al. *Thomas Merton. Solitudine e comunione*. Magnano: Quiqajon, 2006. p. 7.

[25] MONTALDO, Jonathan (ed.). *Un año con Thomas Merton. Meditaciones de sus "Diarios"*. Santander: Sal Terrae, 2006. p. 107 (14 de abril de 1966).

[26] MERTON, *Reflexões de um espectador culpado*, p. 183. Vale assinalar o influxo do sufismo e do pensamento de Louis Massignon nesta reflexão de Merton sobre o "ponto virgem": BAKER, Rob; HENRY, Gray. *Merton & Sufism*. Louisville: Fons Vitae, 1999. p. 63-88. Ver ainda: SHANNON, William H. et al. *The Tomas Merton Enciclopedia*. Maryknoll: Orbis Books, 2002. p. 363-364.

[27] MERTON, *Reflexões de um espectador culpado*, p. 151.

silêncio e do repouso para a aventura essencial do encontro do humano com o seu centro. Assim como as árvores e as montanhas precisam do repouso da noite para recuperar suas forças e ressurgir renovadas na aurora, assim também o ser humano necessita do "espírito da noite", da passividade[28] e do repouso para retomar a dignidade de sua natureza essencial.[29] No segredo do silêncio e na força de suas vozes é que Merton encontrou a razão mais profunda de seu ser:

> Poder-se-ia dizer que me casei com o silêncio da floresta. A quentura escura e doce do mundo terá de ser minha esposa. Do coração dessa quentura escura vem o segredo que só se ouve em silêncio, mas que está na raiz de todos os segredos sussurrados na cama, em todo o mundo, por todos que estão se amando. Assim, tenho talvez obrigação de preservar a quietude, o silêncio, a pobreza, o ponto virginal de puro nada que está no centro de todos os demais amores. Tento cultivar essa planta, sem comentários, no meio da noite, e rego-a com salmos e profecias em silêncio.[30]

Assim como o mistério brilha no "centro do nosso nada", transparece também em toda a maravilha da criação. O contemplativo capta essa beleza, pois tem os sentidos afinados com o tempo, e sabe reconhecer a presença da realidade que está por detrás de todas as luzes e cores, envolvida no silêncio.[31] Para Merton, a contemplação está em plena sintonia com todas as coisas, sendo sua "mais alta realização". Ela é, sobretudo, dom, "uma tomada de consciência repentina, um despertar à infinita Realidade que existe dentro de tudo o que é real. Uma consciência viva do Ser infinito nas

---

[28] A passividade vem aqui entendida num sentido técnico, o mesmo utilizado por João da Cruz na *Subida ao Monte Carmelo*, onde fala em "deixar a alma na quietação e repouso", ou também na "atenção amorosa em Deus, sem particular consideração, em paz interior, quietação e descanso" (S 2,12,6 e 2,13,4). Não se trata de um estado de inatividade, mas sim de abertura a um estado de "receptividade", onde se renuncia a tudo o que dificulta o trabalho de Deus no coração, de abertura do olhar para receber o dom do mistério maior.

[29] MERTON, *Reflexões de um espectador culpado*, p. 158.

[30] HART; MONTALDO, *Merton na intimidade*, p. 281.

[31] Relatando em seu diário a experiência no eremitério, assinala: "Aqui a distração é fatal – leva-nos inexoravelmente ao abismo. Não se requer, porém, concentração, apenas estar presente": HART; MONTALDO, *Merton na intimidade*, p. 291.

raízes de nosso próprio ser limitado".[32] O contemplativo é capaz de partilhar o "segredo inefável" da presença do paraíso por toda parte: "[...] o paraíso nos envolve e não o sabemos". A bela reflexão de Merton sobre o "ponto virgem" traz consigo uma advertência ao caminho trilhado pelos seres humanos, incapazes e surdos para captar as melodias do real. Foi um dado que captou com clareza em sua experiência de eremita, relatada no seu breve e belo texto sobre "o dia de um estranho", escrito em 1965. Ali expressou sua revolta contra a insensibilidade dos humanos, desatentos à voz de Deus: "Quando vemos quão pouco nós ouvimos, e quão obstinados e grosseiros são os nossos corações". Revela sua "estranheza" em face dos ruídos da cidade, do zumbido das máquinas que devoram a noite. Sonha com uma perspectiva diferente, marcada pela comunhão com a natureza e a compaixão e solidariedade com os humanos.[33]

Em seu entendimento, o "trabalho de cela" traduz o exercício essencial do monge em manter acesa a atenção, não deixando que nenhum dos sons que procedem do Mistério passem desapercebidos ou se percam no vazio: "No silêncio da tarde, tudo está presente e tudo é inescrutável numa nota tônica central para qual os demais sons ascendem, ou da qual descendem, à qual todos os outros significados aspiram, para que encontrem sua realização verdadeira".[34]

Esse perigo da desatenção foi também percebido pelo filósofo Martin Heidegger, quando mencionou a incapacidade de o ser humano ouvir a linguagem do que é Simples em razão de estar distraído pelo "fragor das máquinas que chega a tomar pela voz de Deus". Para Heidegger, é o Simples que "guarda o enigma do que permanece e do que é grande" e a "serenidade que sabe é uma porta abrindo para o eterno".[35]

---

[32] MERTON, Thomas. *Novas sementes de contemplação*. 2. ed. Rio de Janeiro: Fissus, 2001. p. 10.

[33] HART; MONTALDO, *Merton na intimidade*, p. 276ss. SHANNON et al., *The Tomas Merton Enciclopedia*, p. 104-108. Ver também o belo texto de Merton sobre a *chuva e o rinoceronte*: MERTON, Thomas. *Incursiones en lo indecible*. Barcelona: Pomaire, 1967. p. 15-26.

[34] HART; MONTALDO, *Merton na intimidade*, p. 284. Merton justificava em seu diário o verdadeiro significado de sua solidão: "Não venho à solidão para 'atingir os píncaros da contemplação', mas para descobrir penosamente, para mim mesmo e para meus irmãos, a verdadeira dimensão escatológica de nosso chamado" – ibid., p. 299.

[35] HEIDEGGER, Martin. *O caminho do campo*. São Paulo: Duas Cidades, 1969. p. 69-71.

Convocação à compaixão

A experiência contemplativa de Merton estava longe de levar a um quietismo. Em sua compreensão, a vida eremítica introduz no mistério fundamental da misericórdia de Deus: "Para poder viver feliz em solidão, tenho de ter um conhecimento cheio de compaixão a respeito da bondade dos outros, um conhecimento reverente sobre a bondade da criação inteira, um conhecimento humilde da bondade de meu próprio corpo e de minha alma".[36] Sua vida contemplativa envolvia um chamado da *compaixão*. Na introdução japonesa de sua clássica obra *A montanha dos sete patamares*, assinalou que o mosteiro "não é um caminho de fuga do mundo", mas um lugar onde se assume verdadeiramente as "lutas e sofrimentos do mundo".[37] Foi animado pela ecumene da compaixão que Merton se posicionou criticamente em face das injustiças do mundo: contra o racismo, os campos de concentração, a guerra nuclear, as tiranias econômicas, o conflito no Vietnã etc. A expressão de seu pensamento a respeito foi traduzida em seu livro sobre *a paz na era pós-cristã*,[38] que encontrou grandes dificuldades para sua publicação no início da década de 1960. Alguns autores chegam a afirmar que esta obra teve um importante influxo no Concílio Vaticano II e, em particular, na encíclica *Pacem in Terris*, de João XXIII, publicada em abril de 1963.[39] O modo como Merton compreendia a vida contemplativa produzia irritação em muitos, sobretudo entre aqueles que excluíam de sua perspectiva o engajamento concreto no mundo. Sob o influxo de Gandhi, Merton foi captando com cada vez mais clareza a relação da vida espiritual com a presença ativa no mundo, com a "contemplação num mundo de ação". Em trabalho onde comenta alguns textos seletos de Gandhi, Merton salienta que "a vida espiritual de uma pessoa é simplesmente a vida de todos se manifestando nela". E mostra a dinâmica relacional que une a vida interior e o compromisso social:

---

[36] MERTON, *Na liberdade da solidão*, p. 92.
[37] ALLCHIN et al., *Thomas Merton. Solitudine e comuninone*, p. 85.
[38] MERTON, Thomas. *Peace in the Pos-Christian Era*. Maryknoll: Orbis Books, 2004. Também publicado no Brasil: *A paz na era pós-cristã*. Aparecida: Santuário, 2004.
[39] ALLCHIN et al., *Thomas Merton. Solitudine e comuninone*, p. 45-62.

Embora seja necessário ressaltar a verdade de que à medida que a pessoa aprofunda seu próprio pensamento em silêncio ela entra em entendimento mais profundo e em comunhão com o espírito de seu povo inteiro (ou de sua igreja), também é importante lembrar que à medida que se empenha nas lutas cruciais de seu povo, em busca da justiça e da verdade junto com seu irmão, tende a libertar a verdade em si mesmo ao procurar a verdadeira liberdade para todos.[40]

A abertura dialogal

Outro forte apelo na vida de Thomas Merton foi a *abertura dialogal*. A profundidade e radicalidade de sua abertura às outras tradições religiosas foi se firmando sobretudo nos últimos anos de sua vida.[41] A sensibilidade dialogal já havia nele se instalado havia anos, desde o primeiro encontro com Brachamari, a leitura das obras de D. T. Suzuki e a amizade duradoura que se estabeleceu entre os dois, os contatos enriquecedores com a tradição sufi,[42] a abertura ao Tao na receptividade aos textos de Chuang Tzu,[43] além de tantas outras leituras e encontros dialogais. Mas a experiência da Ásia foi decisiva e única para Merton, pois instaurou em seu coração um "diálogo *de profundis*", uma nova convicção, alimentada agora pela força de um encontro vital com a alteridade. Afirmava-se com vigor a realidade de um "autêntico ecumenismo transconfessional".[44]

---

[40] MERTON, Thomas. Um manual de não violência. *Revista de Cultura Vozes*, v. 89, n. 5, p. 3-29, 1995 (a citação está na página11).

[41] Ver, a respeito: SHANNON, William H. *Silent Lamp. The Thomas Merton Story*. New York: Crossroad, 1992. MOTT, *The Seven Montains of Thomas Merton*, p. 469-571.

[42] BAKER; HENRY, *Merton & Sufism*, p. 40-162.

[43] Chuang Tzu (séc. III a.C.) é reconhecido como um dos mais espirituais filósofos chineses e maior representante do Taoísmo. O interesse e abertura de Merton para os textos deste filósofo começam por volta de 1960. Por incentivo de um amigo, John Wu, Merton acabou reunindo alguns textos de Chuang Tzu para publicação, resultando no belo livro *A via de Chuang Tzu*, publicado em 1965 (e traduzido no Brasil pela editora Vozes).

[44] LLAVADOR, Fernando Beltrán. Thomas Merton y la identidad del hombre nuevo. In: LÓPEZ-BARALT, Luce; PIETRA, Lorenzo. *El sol a medianoche*. Madrid: Trotta, 1996. p. 120-121. Para William H. Shannon, estudioso de Merton, foi com a obra *A experiência interior*, de 1959, que Merton estabeleceu pela primeira vez um elo mais sistemático com o pensamento religioso oriental. Cf. MERTON, Thomas. *A experiência interior*. São Paulo: Martins Fontes, 2007. p. XIX-XX.

Dentre as experiências realizadas em sua viagem à Ásia, destaca-se sua visita a Polonnaruwa, em sua passagem pelo Sri Lanka (Ceilão), no início de dezembro de 1968. É belo o relato de sua visita às ruínas da antiga cidade, e o impacto causado pela imagem de dois enormes budas, um reclinado e outro sentado, acompanhados pela imagem do discípulo predileto de Buda, Ananda. A descrição que Merton faz dessa experiência é impressionante, e vale destacá-la quase integralmente:

> Posso, então, aproximar-me dos Budas descalço e atento, meus pés pisando o capim molhado, a areia molhada. Súbito, o silêncio dos extraordinários rostos. Os largos sorrisos. Vastos, contudo sutis. Contendo todas as possibilidades; nada indagando; tudo conhecendo; nada desprezando; a paz – não a paz da resignação emocional, mas de Madhyamika,[45] de suyata,[46] que tudo percebeu sem desacreditar ninguém ou nada – sem refutação – sem afirmar qualquer outro argumento. [...] Fui invadido por uma torrente de alívio, de paz e de gratidão diante da pureza *óbvia* dos rostos, da limpidez e a fluidez da forma e da linha, o desenho dos corpos monumentais integrados na forma da rocha e da paisagem, figura, rocha e árvore. [...] De repente, enquanto olhava essas figuras, fui completa e quase violentamente arrancado da maneira habitual e restrita de ver as coisas. E uma clareza interior, patente, como que explodindo das próprias pedras, tornou-se evidente e óbvia. [...] Nunca em minha vida tive tal senso de beleza e de força espiritual fluindo juntas em uma iluminação estética. Com Mahabalipuram e Polonnaruwa, a minha peregrinação pela Ásia de certo tornou-se clara e purificou-se. Quero dizer: sei e vi aquilo que obscuramente eu procurava. Não sei o que resta ainda, mas eu agora vi e penetrei através da superfície e ultrapassei a sombra e a aparência. Isto é a Ásia em sua pureza, sem estar encoberta pelo lixo asiático, europeu ou americano; e ela é clara, pura, completa. Ela tem tudo; e de nada carece.[47]

---

[45] Caminho do meio.
[46] Vazio, vácuo.
[47] MERTON, *Diário da Ásia*, p. 181-182.

Igualmente significativa sua experiência mística diante da montanha *Kanchenjunga*, descrita no *Diário da Ásia*. Despertado por um sonho revelador, Merton é atraído pelo "outro lado da montanha", aquele que escapa ao olhar superficial do fotógrafo e não aparece nos postais. Mas é o único lado "que vale a pena ver". Diante da lenta e silenciosa "dança" da montanha sagrada, Merton relata:

> Ó Mãe tântrica Montanha! Palácio de yin-yang, oposto na unidade! Palácio de *anicca*, impermanência e paciência, solidez e não ser, existência e sabedoria. Grande acordo do ser e do não ser; convenção que não ilude a quem não quer ser iludido. A total beleza da montanha só aparece quando se concorda com o "paradoxo impossível": ela é e não é. Quando nada mais é preciso dizer, a fumaça das ideias se desvanece e a montanha é VISTA.[48]

A visita de Merton aos mosteiros budistas e o seu encontro com grandes personalidades religiosas desta tradição exerceram sobre ele um grande impacto transformador. Sublinhou em seu último diário a riqueza dos encontros realizados com os monges da tradição budista tibetana:

> São gente maravilhosa. Muitos dos mosteiros, tailandeses e tibetanos, parecem ter a mesma vida que foi vivida, por exemplo, em Cluny, na Idade Média: erudição, bom treinamento, com muita liturgia e ritual. Mas também são especialistas em meditação e contemplação. Isto é o que mais me atrai. Não se pode calcular o valor do contato direto com gente que, na realidade, trabalhou durante a vida inteira treinando a mente e se libertando da paixão e da ilusão.[49]

Com o dalai lama teve três longos encontros, realizados em Dharamsala, no alto dos Himalaias. Os dois falaram quase exclusivamente sobre a vida de meditação. Tratou-se também das formas superiores de oração no misticismo tibetano. Para Merton, foi um grande aprendizado. Permaneceu em Dhara-

---

[48] Ibid., p. 119. Experiência igualmente descrita no sétimo volume dos diários de Merton: *Other Side of the Mountain*. New York: HarperSanFrancisco, 1998. p. 286. Ver ainda: THURSTON, Bonnie Bowman (Ed.). *Merton & Buddhism*. Louisville: Fons Vitae, 2007. p. 77-83 e 186-187.

[49] MERTON, *Diário da Ásia*, p. 254.

msala por oito dias: lendo, meditando e conversando com o povo da região, que definiu como "o povo mais rezador que já vi". Nas intensas e longas conversas que teve com o dalai lama, Merton concluiu que ele captou a realidade da meditação, que "certamente a penetrou de modo muito completo e profundo". Revelou-se para Merton como "um homem de alta realização".[50] Esse reconhecimento foi recíproco. Dalai lama saiu igualmente marcado pela força da presença de Merton, no qual reconheceu um "ser humano pleno de bondade", marcado por uma profunda experiência interior.[51] Thomas Merton encontrou ainda outros tibetanos que muito o impressionaram em sua viagem, como o rimpoche Chatral. Estabeleceu-se entre os dois uma "perfeita compreensão", como dois contemplativos que se encontravam "à beira da grande percepção do real". Ficou comovido com o encontro, e em particular com a "perfeita simplicidade" e a "liberdade completa" do rimpoche tibetano, a ponto de declarar que, se tivesse de se estabelecer com algum guru tibetano, ele escolheria Chatral.[52] Foi muito difícil para Merton avaliar o que significou para ele essa exposição à Ásia. Em sua percepção, o que houve de mais rico foi o grau de comunicação estabelecido e a partilha da "experiência essencialmente espiritual do 'budismo'".[53]

O interesse de Merton estendia-se igualmente ao Budismo zen. Sobre o tema escreveu dois importantes livros,[54] onde fala sobre as lições do zen-Budismo para o misticismo cristão. Merton acreditava que o zen tinha muito a dizer não somente aos cristãos, mas ao mundo moderno. Os seus traços concretos, diretos e existenciais seriam importantes instrumentos para o enfrentamento da vida em seu próprio âmago.[55] Mesmo reconhecendo a impossibilidade de colocar o Cristianismo e o zen-Budismo lado a lado, e sem negar a peculiaridade e irredutibilidade de cada um, Merton sublinhou a presença

---

[50] Ibid., p. 253. Ver também: THURSTON, *Merton & Buddhism*, p. 66-73.

[51] Dalai lama afirmou, ao saber da morte de Merton, que havia perdido um de seus melhores amigos. Cf. FARCET, *Thomas Merton, un trappista face à l'Orient*, p. 151. Ver ainda: *O dalai lama fala de Jesus*. Rio de Janeiro: Fissus, 1999. p. 6-7, 52-53.

[52] MERTON, *Diário da Ásia*, p. 111.

[53] HART; MONTALDO, *Merton na intimidade*, p. 409.

[54] MERTON, Thomas. *Zen e as aves de rapina*. Rio de Janeiro: Civilização Brasileira, 1972. Id. *Místicos e mestres zen*. Rio de Janeiro: Civilização Brasileira, 1972.

[55] MERTON, *Zen e as aves de rapina*, p. 34.

de analogias e correspondências entre os dois sistemas de espiritualidade, que indicam caminhos possíveis para uma "melhor compreensão mútua".[56] A relação estabelecida entre Merton e D. T. Suzuki, uma das maiores autoridades mundiais do zen-Budismo, foi um importante fator para o incentivo e o aprofundamento feitos por Merton nesta área. As primeiras leituras de Merton sobre a obra de Suzuki remontam à década de 1956. A correspondência entre os dois iniciou-se três anos depois, selando uma amizade duradoura. Merton solicitou a Suzuki, em 1959, a redação de um prefácio ao seu livro sobre os Padres do Deserto. O mestre zen aceitou, mas os censores da Ordem Cisterciense impediram a publicação. O clima ainda fechado do período interdita o processo relacional.[57] Mediante uma autorização especial, Merton conseguiu encontrar-se com Suzuki em Nova York em 1964. O mestre zen estava na ocasião com 94 anos de idade, e Merton não podia perder a ocasião de ver e tocar alguém que considerava extraordinário e ao mesmo tempo marcado por grande simplicidade.[58] Merton teve ainda outro encontro importante, três anos depois, com o monge e poeta zen-budista Thich Nhat Hanh, que marcou uma presença de resistência crítica no Vietnã. O monge passa dois dias na abadia do Kentucky e entre ele e Merton ocorre uma notável semelhança espiritual.[59]

Uma visão sintética da visão dialogal de Merton pode ser encontrada nas notas que tinha preparado para uma conferência que daria em Calcutá, no mês de outubro de 1968, por ocasião de um encontro de monjas e monges beneditinos e trapistas dos mosteiros asiáticos.[60] Para Merton, em razão do clima de abertura facultado pelo Concílio Vaticano II (1962-1965), o monacato católico estaria em boa posição para dialogar com a Ásia. O seu maior interesse reside no diálogo da experiência religiosa, onde pessoas de

---

[56] Ibid., p. 44.
[57] FARCETT, *Thomas Merton, un trappista face à l'Orient*, p. 132. Ver ainda: MERTON, Thomas. *Il coraggio della verità*. Casale Monferrato: Piemme, 1997. p. 82-83.
[58] Ver, a respeito: THURSTON, *Merton & Buddhism*, p. 145-147.
[59] A propósito da relação entre os dois, cf. KING, Robert H. *Thomas Merton and Tich Nhat Hanh*. New York: Continuum, 2003.
[60] Este encontro de 1968 foi precursor de uma série de outros encontros monásticos inter-religiosos. Para maiores detalhes, cf. THOLENS, Cornelius J. A. *Incontri di un monaco tra Oriente e Ocidente*. Milano: Ancora, 1991. p. 122-127.

tradições diversas buscam "penetrar o terreno fundamental de suas crenças através de uma transformação da consciência religiosa".[61] Verifica que neste nível existem "grandes semelhanças e analogias", uma "semelhança existencial".[62] Acredita na possibilidade efetiva de realização neste campo de contatos reais e significativos. Sublinha em suas notas que veio à Ásia não como um pesquisador, mas como "peregrino ansioso" em busca das antigas fontes de visão e experiência monásticas. Acredita firmemente na possibilidade de uma "comunicação em profundidade" entre contemplativos de tradições diferentes. A seu ver, a abertura dialogal não significa uma ruptura com o compromisso monástico cristão, mas uma ampliação de seu leque, um aperfeiçoamento da disciplina e da experiência da própria vida monástica. Trata-se de uma abertura que acaba favorecendo a renovação monástica em âmbito ocidental. O diálogo verdadeiro não resulta num "sincretismo fácil", e o seu exercício só pode ocorrer no respeito profundo às diferenças que pontuam cada tradição religiosa. O diálogo implica, simultaneamente, o empenho com a própria tradição e a disponibilidade de abertura. Para Merton, o diálogo contemplativo não se resume a uma conversação vazia, mas envolve partilha de dons. O encontro autêntico pressupõe que os seus interlocutores tenham, de fato, "penetrado com a máxima seriedade em sua própria tradição monástica", facultando, assim, a tranquilidade necessária para a requerida abertura ao outro. E indo ainda mais fundo, assinala Merton que o monge, enquanto "exemplo vivo da realização tradicional e interior", deve "estar completamente aberto à vida e à nova experiência por ter utilizado integralmente sua própria tradição e a ter ultrapassado".[63]

---

[61] MERTON, *Diário da Ásia*, p. 245. O texto completo das notas de Merton encontra-se nas páginas 243-249, de onde foram retiradas as próximas citações.

[62] De acordo com David Tracy, Merton vivenciou em profundidade uma conversação com o zen, disponibilizando-se ao "risco" da abertura e transformação. Mediante sua experiência concreta pôde verificar a existência real de profundas "semelhanças na diferença" entre as duas tradições. Cf. TRACY, David. *Pluralidad y ambiguedad. Hermenéutica, religión, esperanza*. Madrid: Trotta, 1987. p. 143 e também p. 141.

[63] MERTON, *Diário da Ásia*, p. 248. Algo semelhante falou Paul Tillich: "[...] na profundidade de toda religião viva há um ponto onde a religião como tal perde sua importância e o horizonte para o qual ela se dirige provoca a quebra de sua particularidade, elevando-a a uma liberdade espiritual que possibilita um novo olhar sobre a presença do divino em todas as expressões do sentido último da vida humana" – TILLICH, Paul. *Le christianisme et les religions*. Paris: Aubier, 1968. p. 173. Trata-se, como se vê, de uma aproximação do outro pela dinâmica da profundidade.

Não há melhor caminho para mostrar a riqueza do diálogo inter-religioso do que o relato da experiência viva de peregrinos que viveram a radicalidade de uma busca autêntica e de uma abertura ao outro gratuita e desarmada. São "amigos de Deus", na bela expressão de Simone Weil, que ajudam a manter sempre acesa a mirada para o mistério do Real. As outras tradições religiosas, como bem lembrou Merton, apresentam para os cristãos a possibilidade efetiva e maravilhosa de um aprendizado único sobre suas próprias potencialidades, muitas vezes escondidas, abafadas ou mesmo desconhecidas. Nada mais nobre do que o aprimoramento da hospitalidade, da cortesia e da acolhida ao outro. Isso se torna ainda mais profundo no âmbito do diálogo espiritual, quando se revela de forma refinada a dinâmica de enriquecimento recíproco e cooperação fecunda entre as religiões.

2

Henri le Saux: nas veredas do Real

O diálogo inter-religioso reveste-se de uma importância fundamental neste século XXI. Não há probabilidade de vislumbrar um horizonte distinto para as nações sem o cuidado em favor de caminhos alternativos de conversação e diálogo entre as distintas tradições religiosas. Uma das possibilidades de tocar o nervo desta questão é apresentar histórias de vida marcadas pela vocação dialogal. Dentre os exemplos de buscadores de diálogo mais impressionantes que o século XX conheceu destaca-se Henri le Saux (swāmā Abhishiktānanda), o monge beneditino francês que ousou dar o obstinado salto no mistério da alteridade vivendo uma experiência singular de imersão como cristão no mundo espiritual indiano. Como bem definiu Marie-Madeleine Davy, ele foi um "barqueiro entre duas margens",[1] alguém que viveu como poucos a aventura da liminaridade. Para Raimon Panikkar, um de seus grandes amigos e discípulos, Abhishiktānanda foi "um dos espíritos 'ocidentais' mais autênticos que aportaram em nossas costas para se expor à verdadeira experiência 'indiana'".[2] Os estudiosos do diálogo inter-religioso sublinham, com acerto, que "a realidade da autoexposição ao outro é condição para o diálogo autêntico em nossos dias".[3]

Na trilha aberta por místicos cristãos como Eckhart, Ruysbroek e Suso, o swāmā beneditino foi envolvido pelo mistério da interioridade. O acesso à dimensão de profundidade foi favorecido pela sedução da Índia, que preencheu todas as dimensões de seu ser, abrindo portas e janelas para uma ex-

---

[1] DAVY, M.-M. *Henri le Saux. Le passeur entre deux rives.* Paris: Albin Michel, 1997.
[2] PANIKKAR, R. Lettera ad Abhishiktānanda. In: LE SAUX, H. et al. *Alle sorgenti del Gange.* Milano: Cens, 1994. p. 108.
[3] TRACY, D. *A imaginação analógica. A teologia cristã e a cultura do pluralismo.* São Leopoldo: Editora Unisinos, 2004. p. 562.

periência inusitada de um despertar religioso para além dos nomes e formas tradicionais. Foi alguém que não recusou viver a provocação dos grandes abismos e dos limites extremos, com todos os perigos que uma tal aventura comporta. Dizia em seu diário que tais vocações são necessárias e trazem consigo a força do Espírito. São pessoas que suscitam a explosão dos signos, pois são animadas por mirada mais ampla de um Real que é novidadeiro e fulminante.[4] O que faz de Henri le Saux um personagem instigante é o fato de ele não ter em momento algum largado suas convicções cristãs. Dentre os inúmeros ocidentais que viveram a experiência de uma conversão profunda, seja ao Hinduísmo, seja ao Budismo, Abhishiktānanda foi um dos poucos que não romperam com suas precedentes convicções. Como um autêntico contemplativo, demonstrou com sua vida que só aquele que consegue assimilar de forma autêntica sua tradição é capaz de dar um salto mais arrojado no enigma da alteridade.[5]

Foi também um grande precursor e pioneiro do diálogo inter-religioso. O início de sua experiência na Índia precede em quinze anos o Concílio Vaticano II (1962-1965), ganhando, assim, contornos singulares e de vanguarda no processo de abertura dialogal que será deslanchado posteriormente. O clima do período, como indica Jacques Dupuis, era ainda muito reticente na questão do diálogo com outras tradições religiosas. Não havia, na ocasião, nenhum movimento litúrgico na Índia nem se pensava na possibilidade de adaptação da liturgia cristã à cultura do país. Os residuais esforços dialogais concentravam-se na esfera intelectual, sem repercussão positiva no âmbito da experiência religiosa.[6]

Etapas de um itinerário dialogal

Henri le Saux nasceu em Saint-Briac, um pequeno vilarejo na costa norte da Bretanha (França) em 1910. O seu nascimento foi um evento importante na vida de Alfred e Louise, seus pais, que o aguardavam havia cinco

---

[4] LE SAUX, H. *Diario spirituale di un monaco cristiano-samnyāsin hindū*. Milano: Mondadori, 2001. p. 356-357.

[5] Ibid., p. 15 (prefácio de Panikkar). PANIKKAR, R. *Lettera ad Abhishiktānanda*, p. 109.

[6] DUPUIS, J. *Gesù Cristo incontro alle religioni*. Assisi: Cittadella Editrice, 1991. p. 93.

anos. Permaneceu filho único por mais sete anos, até a chegada da irmã Louise e dos outros cinco irmãos que vieram para alegrar o círculo familiar. Tornou-se um exemplo para todos. Sua biógrafa, Shirley du Boulay, assinala que ele sempre permaneceu francês, mesmo depois de toda a sua imersão na Índia. Nunca abandonou a Bretanha, com seu imenso mar, e suas águas permaneceram tatuadas em seu coração.[7]

Já na infância esteve motivado pela vida sacerdotal. Sob o incentivo de seus pais, foi encaminhado ao Seminário Menor de Châteaugiron, no sudeste de Rennes, depois de seguir a primeira formação na escola local. Sua permanência nesse seminário se estenderá de 1921 a 1926, quando passa a frequentar o grande seminário de Rennes, aos 16 anos. A vocação monástica nasce da amizade nutrida no seminário com um rapaz que manifestara o desejo de tornar-se beneditino, mas cuja morte prematura interrompeu o sonho almejado. Henri herda a vocação monástica do amigo e entra no mosteiro beneditino de Kergonan em outubro de 1929.[8] A grande paixão pelo silêncio é ali alimentada e reforçada, bem como o amor pela liturgia e pela leitura dos Padres gregos e Padres do Deserto. Henri le Saux vai ocupar por doze anos a função de bibliotecário de Kergonan. A profissão solene é feita em maio de 1935. Alguns dos biógrafos do místico beneditino confirmam que Kergonan favoreceu um importante *background* para o desdobramento de sua vocação. Durante sua presença no mosteiro nasce uma de suas amizades mais sólidas, com Joseph Lemarié, que chega na abadia em 1936. Firma-se entre os dois uma relação de profunda confiança, que será testemunhada na longa correspondência que dura até o final de sua vida.[9]

---

[7] DU BOULAY. S. *La grotte du coeur. La vie de Swami Abhishiktananda (Henri le Saux).* Paris: Cerf, 2007. p. 27 e 33-34.

[8] A Abadia Sainte Anne de Kergonan, na costa sul da Bretanha, foi fundada em 1010. O seu funcionamento foi interrompido por certo tempo no final do século XVII em razão do anticlericalismo francês, mas retoma fôlego no século XIX com a presença de Dom Prosper Guéranger – DU BOULAY, *La grotte du coeur...* p. 51.

[9] LE SAUX, H. *Lettres d'un sannyāsī chretien à Joseph Lemarié.* Paris: Cerf, 1999. Ver, a propósito: STUART, J. *Le bénédictin et le grand éveil.* Paris: J.Maisonneuve, 1999. p. 61.

O apelo da Índia nasce, provavelmente, em 1934, nos primeiros anos de sua estadia em Kergonan.[10] Mas há ainda muito mistério em torno dessa questão, pois Le Saux foi sempre muito reservado a respeito. São raras as manifestações de sua insatisfação quanto às possibilidades de o mosteiro realizar plenamente suas aspirações mais profundas.[11] Nem o amigo mais próximo, o Padre Lemarié, tomou ciência desse apelo antes de 1946.[12] Por dez anos o místico beneditino guardou silêncio sobre sua paixão pela Índia. A difícil decisão precisou ser longamente amadurecida, sendo revelada à irmã em 1944, seis meses após a morte da mãe. As difíceis negociações em torno da acolhida de seu projeto ganham luz em 1947, com a resposta positiva de uma carta enviada ao Bispo Mendonça, de Tiruchirappalli. A mediação entre o Bispo Mendonça e Le Saux foi realizada pelo Padre Jules Monchanin,[13] que traduziu para o bispo a carta escrita em francês. Monchanin logo se identifica com a carta de Le Saux, reconhecendo ali uma resposta ao seu mais profundo desejo de assumir um novo projeto de vida na Índia. A resposta a Le Saux segue no mesmo ano, no início de agosto, onde assinala que a carta enviada ao Bispo Mendonça chega como uma "resposta de Deus". Indica, ainda, que o seu verdadeiro desejo não era o de seguir a vida missionária ordinária, mas o "caminho contemplativo sob a forma indiana".[14] A vinda de um novo companheiro para o projeto vinha a calhar. Em entusiasmada carta de resposta a Monchanin, no mesmo mês, Le Saux fala de seu sonho guardado no coração por mais de treze anos e da força do apelo da Índia. Expressa sua vontade de "desenvolver uma adaptação bem hindu da vida oblata beneditina e da hospitalidade beneditina, sob a forma

---

[10] Du Boulay indica que o desejo de ir à Índia acompanhou Le Saux desde o ano de 1934, antes mesmo de sua ordenação – DU BOULAY, *La grotte du coeur...*, p. 84 e 87.

[11] STUART, *Le bénédictin et le grand éveil*, p. 24.

[12] DU BOULAY, *La grotte du coeur*, p. 85.

[13] O Padre Jules Monchanin (1895-1957) tinha se ordenado em Lyon, em 1922, e partido para a Índia em 1939, para atuar pastoralmente junto aos tâmiles na Diocese de Tiruchirapalli. Era um nome bem conhecido, "não somente por suas brilhantes qualidades intelectuais e a amplitude de seu campo de interesses, mas também por sua profundidade espiritual e sua maravilhosa capacidade de simpatia e amizade com as pessoas dos mais diversos meios" – STUART, *Le bénédictin et le grand éveil*, p. 25.

[14] MONCHANIN, J. *Lettres au Père Le Saux*. Paris: Cerf, 1995. p. 31 (carta de 7 de agosto de 1947).

de *ashram*, seja a pagãos ou cristãos que venham buscar alimento para a sua vida espiritual".[15] De acordo com a tradição hindu, o termo sânscrito *ashram* indica o lugar onde habita um "homem santo", que dedica sua vida à busca de Deus, na solidão, silêncio, pobreza e abstinência. É o lugar por excelência dos "renunciantes" (*sannyāsin*).

A biógrafa Shirley du Boulay fala sobre o traço pioneiro da reflexão de Le Saux, numa época em que o Cristianismo permanecia fechado aos apelos do tempo e deslocado da provocação inter-religiosa. A carta de Le Saux a Monchanin, com data de 18 agosto de 1947, revela um conteúdo antecipador das mudanças que entrarão em cena no pensamento da Igreja Católica por ocasião do Concílio Vaticano II.[16]

Com a autorização de seu abade de Kergonan, Le Saux desembarca em terra indiana no dia 15 de agosto de 1948. A data marca um ponto de mudança decisiva na vida do monge de Kergonan. Ele não mais retornará à França, assumindo em 1960 a cidadania indiana. O processo de iniciação hindu começa desde cedo, quando Le Saux e Monchanin unem as forças para erguer, em 1950, o *saccidānanda*[17] *ashram*, que ficou mais conhecido como *Shantivanam* (a floresta da paz). A dinâmica de inserção no novo país implicou um amplo processo de aprendizagem dos hábitos, costumes e religiosidade indianos. Henri le Saux busca logo adotar o estilo de vida indiano e dedica-se com afinco ao estudo do sânscrito, do tâmil e das Escrituras hindus. Poucas semanas depois de sua chegada, busca os primeiros contatos com os *ashrams* hindus. Visita junto com Monchanin o *ashram* Ramakrishna e também o *ashram* de Ramana Maharshi, em Tiruvannāmalai, aos pés da montanha sagrada de *Arunāchala*.[18]

O encontro de Henri le Saux com Ramana Mahārshi, em 1949, foi de influência decisiva em todo o seu processo de transformação interior. Foi

---

[15] Ibid., p. 33-41 – aqui, p. 37.

[16] DU BOULAY, *La grotte du coeur*…, p. 100.

[17] A expressão *saccidānanda* significa: *Sat* (ser), *cit* (pensamento/inteligência), *ananda* (alegria perfeita).

[18] Esta montanha, dedicada a Shiva (que é fogo e flama), fica situada a 150 quilômetros ao sudeste de Madras, dominando a cidade de Tiruvannamalai. Em seu diário, Henri le Saux reverencia sua condição sagrada: "Ela é Shiva mesma sob forma de *linga*, o lugar mais santo do mundo" – LE SAUX, *Diario spirituale*…, p. 52.

um breve contato, mas de intensidade *kairológica*. Em imagem registrada em seu diário,[19] Le Saux fala do inesquecível "sorriso pleno de bondade" do mestre hindu.[20] Mas não pôde aproveitar toda a riqueza do encontro, pois era ainda "muito noviço na ciência da interioridade". Não só desconhecia a língua tâmil, como estava ainda muito apegado aos condicionamentos de sua formação pregressa: da hereditariedade cristã, da linguagem, dos hábitos, dos "nós do coração" e dos vínculos que o atavam à dinâmica exclusivamente cristã.

É com Ramana Maharshi (1879-1950) que se dá a verdadeira iniciação de Henri le Saux à espiritualidade hindu. Trata-se de um dos maiores mestres espirituais da Índia moderna, por muitos considerado um homem santo e encarnação de Shiva.[21] Sua vida espiritual esteve sempre ligada à montanha sagrada de *Arunāchala*, onde encontrou sua realização pessoal. O amor pela montanha foi fulminante, desde o primeiro encontro em 1896, quando saiu de casa, aos 17 anos, movido por um apelo que não conseguiu resistir. Permanece junto à montanha sagrada até sua morte, em 1950. Ali ficou solitário e em silêncio por muitos anos, entre as grutas de *Arun-chala*, até que em certo momento resolveu aceitar discípulos e ao seu redor nasceu o *ashram* de Tiruvannamalai, aos pés de *Arunāchala*. Entre as características desse grande místico está a força e o potencial de sua experiência da não dualidade (*advaita*). É alguém que fala muito mais pela sua presença e pela "imperiosa fascinação". Em obra sobre *Arunāchala*, recorda Le Saux: "As palavras eram o que havia de menos importante entre os meios pelos quais o Sábio transmitia a sua experiência".[22] Não deixou livro pessoal publicado. O

---

[19] O diário de Henri le Saux começou a ser escrito no final de 1948, mas não havia a intenção de ser publicado. Para Panikkar, autor do prefácio, o diário oferece "um exemplo fascinante da evolução de um pensamento". O livro foi publicado por decisão de um grupo de amigos de Le Saux, e o título original escolhido foi *La montée au fond du coeur* [*A subida ao fundo do coração*], com base em reflexão feita pelo próprio Abhishiktānanda em seu grande retiro silencioso de 1956: LE SAUX, *Diario spirituale...*, p. 14 e 20.

[20] LE SAUX, *Diario spirituale...*, p. 52-56.

[21] Um dos grandes deuses do Hinduísmo, identificado com o símbolo fálico *linga*, e modelo dos ascetas e iogues.

[22] LE SAUX, *Ricordi di Arunāchala*. Padova: Messaggero Padova, 2004. p. 59.

que existe são registros feitos por seus discípulos das respostas dadas pelo mestre na dinâmica de sua formação.[23]

Além do primeiro encontro com Ramana, no início de sua jornada na Índia, Le Saux encontrou-se novamente com o mestre indiano seis meses depois, em agosto de 1949, mas ele já estava bem doente. Já mais preparado espiritualmente, Le Saux buscou neste novo encontro romper com as barreiras racionalistas para beber a gratuidade de seu "influxo secreto".[24] Nessa sua nova visita ao *ashram* de Tiruvannamalai, tomou consciência de que o lugar guardava não apenas um mestre, Ramana, mas também uma montanha sagrada, *Arunāchala*.[25] Tomou-se de encanto pelos dois. Na verdade, Le Saux "tinha vindo à Índia para fundar um *ashram*, mas, em lugar disso, encontrou Ramana Maharshi e *Arunāchala*".[26] Com o mestre Ramana, Le Saux viveu a experiência de uma "comunhão misteriosa" e a iniciação no mais puro *advaita*. É um encontro que marca uma virada decisiva em sua vida. Em página de seu diário, em novembro de 1956, Le Saux reafirma o vínculo essencial que estabeleceu com o guru e a montanha: "Se para retornar cristão tivesse de deixar-te, oh *Arunāchala*, tivesse de abandonar-te, oh Ramana, então não poderia mais retornar cristão, pois entraram na minha carne e estão ligados nas fibras de meu coração".[27]

A inauguração do *ashram* de *Shantivanam* aconteceu em março de 1950, por ocasião da Festa de São Bento. Seguindo a tradição indiana, Henri le Saux e Monchanin receberam novos nomes. O primeiro foi nomeado como Abhishikteshvarānanda (aquele cuja alegria é a unção do Senhor), reduzido posteriormente para Abhishiktānanda. O segundo recebeu o nome de Parama Arābi Ananda (aquele cuja alegria é o Supremo sem forma). Os dois

---

[23] A respeito de Ramana, ver: BRUNTON, P. *A Índia secreta*. São Paulo: Pensamento, 1996. p. 125-152. GODMAN, D. (Ed.). *Sii ciò che sei. Ramana Maharshi e il suo insegnamento*. Vicenza: Il Punto d'Incontro, 2007. *L'INSEGNAMENTO spirituale di Ramana Maharshi*. Roma: Mediterranee, 1992. ZIMMER, Heinrich. *La via del Sé. Insegnamento e vita di Shrî Ramana Maharshi*. Roma/Bari: Laterza, 2007.

[24] LE SAUX, *Ricordi di Arunāchala*, p. 70-71.

[25] Como sublinhou Sonia Calza, Ramana não era senão "um dos rostos de *Arunāchala*" – CALZA, S. *La contemplazione. Via privilegiata al dialogo cristiano-induista*. Milano: Paoline, 2001. p. 103.

[26] DU BOULAY, *La grotte du coeur*..., p. 170.

[27] LE SAUX, *Diario spirituale*..., p. 249.

passam a adotar a veste tradicional hindu, de cor açafrão, dos *samnyāsin* (ascetas renunciantes). Como marca da nova vida, adotam a cruz de São Bento marcada em seu centro com o símbolo sagrado "Om".[28] Na visão de Le Saux e Monchanin, na ocasião, esse mantra seria "mais apto que nenhum outro a uma reinterpretação cristã". Um símbolo "audível e pronunciável, mais etéreo, mais despojado, último esteio do 'verbo' humano em sua ascensão para o Absoluto e, por isso, particularmente apto a exprimir, evocar pelo menos, o inexprimível *kevala*, Deus em sua Solidão, em sua Aseidade, em sua Deidade".[29]

Para os dois fundadores de *Shantivanam*, o *ashram* vinha responder a um desejo bem definido: "[...] nada mais do que estar em presença de Deus". Abhishiktānanda permaneceu ali por vinte e cinco anos, e o novo espaço fornecia a ele a necessária credibilidade aos olhos dos amigos e da hierarquia católica. Mas nunca esteve plenamente à vontade nesse *ashram*, e o seu mal-estar com a fundação vai se ampliando ao longo do tempo, na medida em que aprofunda o seu mergulho no Hinduísmo. Um mergulho que vai provocar crescente inquietação em Monchanin.[30]

A grande paixão de Abhishiktānanda estava, porém, mais além, escondida na montanha sagrada de *Arunāchala*. Passa longos períodos nas grutas da montanha entre os anos de 1952 e 1953. Aprofunda ali sua reflexão sobre a nova identidade a ser assumida e vislumbra novos caminhos de inserção religiosa. O apelo da experiência do *advaita* começa a tocar mais forte o seu coração. A montanha sagrada começa a revelar para ele sua tônica sedutora, e ali experimenta um verdadeiro "banho de silêncio". Em magnífico poema de abril de 1952, descreve como foi capturado por *Arunāchala*:

Oh Arunāchala
Shiva, o benévolo e generoso
Santa, o pacífico,
Advaita, o Um-sem-segundo,
Pūrna, plenitude

---

[28] Trata-se de um mantra védico que simboliza o inefável mistério de Deus.
[29] MONCHANIN, J.; LE SAUX, H. *Eremitas do saccidânanda*, Belo Horizonte: Itatiaia, 1959. p. 205.
[30] MONCHANIN, *Lettres au Père Le Saux*, p. 215 e 149.

Ananda, bem-aventurança.
Tu não terás paz senão quando também me levares
aos teus pés de loto,
e me fizer penetrar na caverna de teu coração. [...]
Consuma-me, queima em mim tudo o que não é Tí.
Oh coluna de fogo, Oh coluna de Amor.
Oh Tejo linga, Oh esperma de fogo.
Que de teu Fogo eu renasça Tu. [...]
O teu sussurro há tempos me chamava,
os mares me fizeste atravessar,
e, tendo entrado em Teu seio, senti uma paz
que jamais havia provado,
paz, plenitude, alegria,
shānti, pūrna, ānanda [...].[31]

Sobre o apelo de *Arunāchala* volta a falar em novembro de 1956, com uma interrogação precisa feita ao mistério que o convocou:

Se verdadeiramente é a Igreja que tem palavras de vida eterna, e é a única que as possui, por que então, oh meu Deus, me conduziste a *Arunāchala* e brincaste comigo abrindo no fundo do meu coração as cavernas de *Arunāchala*? [...] Agora tenho medo, tenho medo, um oceano de angústia para onde quer que me mova. Tu me chamas sob o nome de *Arunāchala*, e como resistir aos teus braços que me apertam, aos teus lábios que se colam aos meus? Mas se fosse apenas um jogo Teu, porque a Igreja me grita que não és Tu esta forma? Tenho medo, veja, de renegar, permanecendo ligado à Igreja, este mistério interior onde não há mais nem Tu nem Eu, e que Tu me revelaste em *Arunāchala* [...]. Contudo não, Tu não és uma miragem, oh *Arunāchala*. Tu és a montanha que é feita de granito sólido e que não vacila, *acala*. És a aurora, *arunā*, que se levantou inflamada ao cume do meu coração, não é irreal.[32]

---

[31] LE SAUX, *Diario spirituale...*, p. 89-90.
[32] Ibid., p. 254. Em página do mesmo diário, em abril de 1964, dirá: "É necessário viver sobre a montanha o parto da Igreja, a passagem do confortável ventre materno ao dia pleno do Real [...]". Ver, ainda: Id., *Ricordi di Arunāchala*, p. 85-195.

A experiência de *Arunāchala* significou para Abhishiktānanda o desafio de penetrar em âmbitos de maior profundidade da experiência espiritual. Confidencia a respeito em carta a seu amigo Lemarié, datada de 29 de abril de 1953: "Cada vez que se crê tocar o fundo; e à medida que se desce ao fundo, descobrem-se círculos cada vez mais profundos de profundidade".[33] Com a inspiração de Ramana e *Arunāchala*, Abhishiktānanda começa a redigir em 1952 e 1953 os textos que vão compor um de seus livros mais polêmicos, *Guhāntara*.[34] Tratava-se de um primeiro confronto do Cristianismo com a experiência do *advaita*. A reação de Monchanin ao ler o texto de Abhishiktānanda, em carta ao amigo Duperray, é de estupefação: "O interior da caverna emudeceu-me profundamente. Creio que ninguém ainda tinha ido tão longe na percepção espiritual do Hinduísmo".[35] Não deixa, porém, de fazer reservas ao livro.[36] Outras críticas vieram somar-se ao posicionamento de Monchanin: do censor eclesiástico de Paris e do Padre Bayard. Mas recebe, curiosamente, a aprovação de Henri de Lubac. Abhishiktānanda conclui que a Igreja não estava ainda preparada para a recepção da obra e que "só os contemplativos a poderiam compreender".[37] O livro acabou não sendo publicado durante a vida de *Abhishiktānanda*. Após sua morte, parte da obra foi publicada em dois volumes: *Iniciação à espiritualidade dos Upanishad* (1979) e *Interioridade e revelação* (1982).[38]

Outro mestre da tradição indiana com o qual Abhishiktānanda desenvolveu sua experiência espiritual foi Srī Gnānānanda,[39] do *Taponavam ashram*, em Tirukoyilur, em dezembro de 1955, na primavera de 1956 e março de 1957. Foi um importante iogue que deslanchou o processo de

---

[33] LE SAUX, *Lettres d'un sannyāsī chretien...*, p. 70.

[34] Cuja tradução poderia ser "entrada no interior da caverna".

[35] MONCHANIN, *Lettres au Père Le Saux*, p. 128.

[36] Ibid., p. 213.

[37] STUART, *Le bénédictin et le grand éveil*, p. 83-86 – aqui, p. 86.

[38] LE SAUX, H. *Iniciation à la spiritualité des Upanishad*. Paris: Présence, 1979. *Intériorité et révélation; essais théologiques*. Sisteron: Presence, 1982.

[39] Não há muitas informações sobre a infância e juventude de Srī Gnānānanda. Especula-se que seu nascimento ocorreu na primeira metade do século XIX, num vilarejo próximo a Mangalore. Passou muitos anos como asceta nos Himalaias, tendo em seguida uma vida itinerante. Teve contatos com Srī Aurobindo e Ramana Mahārshi. Estabeleceu-se, finalmente, em Tirukoyilur (Tamil).

interiorização de Abhishiktānanda, e com o qual viveu uma singular relação de discipulado. Sobre esse mestre indiano, que faleceu em 1974, Le Saux publicou um livro em 1970.[40] Sobre o encontro de quinze dias com o guru indiano, comentou em carta de março de 1956 para o amigo Lemarié: "Nele senti a verdade do *advaita*... Ele gostaria que eu pudesse consagrar todo o meu tempo vindouro à meditação sem pensamentos, deixando tudo de lado, não somente as distrações e conversações inúteis, mas igualmente toda leitura".[41] Costuma-se dizer, na tradição hindu, que, quando o discípulo está pronto, o guru logo se apresenta.[42] O sábio Gnānānanda foi alguém que entrou no caminho de Abhishiktānanda para manter acesa em sua mente a atenção para a profundidade do coração. O guru é aquele que "viveu a experiência do Espírito, da Realidade suprema, e conhece em primeira pessoa o caminho que tal experiência conduz".[43] É alguém que fala diretamente ao coração, sendo capaz de iniciar o discípulo no caminho espiritual a partir do núcleo mesmo de sua profundidade, e partilhar com ele a inefável experiência que viveu em âmbito pessoal. O guru é simplesmente "um iniciador; sua única tarefa é tornar a alma disponível para o Espírito".[44]

Em sua rica trajetória espiritual, Abhishiktānanda estabeleceu importantes laços de amizade. Vale destacar a relação de proximidade que manteve até o final da vida com Raimon Panikkar, outro grande buscador do diálogo. Como assinala Shirley Du Boulay, "era a única pessoa com a qual podia partilhar plenamente suas ideias", estando em plena sintonia intelectual.[45] Panikkar esteve ao lado de Abhishiktānanda em momentos decisivos de sua vida, com sua presença e apoio, como na difícil decisão de deixar *Shanti-*

---

[40] LE SAUX, H. *Gnānānanda, un maître spirituel du pays tamoul*. Paris: Présence, 1970. E a edição italiana: *Gnānānanda. Un maestro spirituale della terra Tamil. Racconti di Vanya*. Sotto il Monte: Servitium, 2009.

[41] Id., *Lettres d'un sannyāsī chretien...*, p. 145.

[42] O guru é aquele que desbloqueia os caminhos e fornece a ajuda necessária para manter acesa a chama da fé e o caminho da devoção. É alguém que está sempre ali para manter vivo o apelo do Senhor que tudo pode: LE SAUX, *Gnānānanda. Un maestro spirituale della terra Tamil*, p. 233-234.

[43] CONIO, C. *Abhishiktānanda sulle frontiere dell'incontro cristiano-indù*. Assisi: Cittadella Editrice, 1994. p. 45.

[44] LE SAUX, H. *Risveglio a sé risveglio a Dio*. Sotto il Monte: Servitium, 1996. p. 112.

[45] DU BOULAY, *La grotte du coeur...*, p. 260.

vanam, na defesa da obra *Guhantara*, na decisão de avançar na experiência de interioridade hindu etc. Os dois sempre estiveram muito próximos, numa relação de escuta mútua e aprendizado permanente.[46] Fizeram juntos uma rica peregrinação espiritual, nas fontes do rio Ganges, que está registrada em publicação específica.[47] Panikkar escreveu o prefácio do diário espiritual de Abhishiktānanda, e foi quem deu o belo título de sua edição original: *La montée au fond du coeur*. Escreveu também uma linda carta ao amigo Svāmijī, depois de sua morte, que é também um referencial para o conhecimento de seu itinerário interior.[48]

A grande crise espiritual vivida por Abhishiktānanda nos anos de 1955 e 1956 vai sendo aos poucos apaziguada, na medida em que aprofunda sua vida interior em contato com a grande tradição hindu, e em particular com os Upanixades. Com o avançar dos anos, o ritmo de simplicidade e gratuidade vai envolvendo todo o seu ser, de forma a favorecer uma serenidade singular. A meta essencial de sua vida vai também ganhando uma clareza única: de união profunda com Deus e os irmãos. Firma-se em sua consciência a ideia de que a revelação cristã e a experiência hindu podem ser reconciliadas em nível de profundidade, sem com isso romper os traços distintos e irredutíveis que as separam.

Em novembro de 1955, Abhishiktānanda confidencia a seu amigo Lemarié que a experiência de *Arunāchala* deixou marcas de grande profundidade em sua vida. Sua aspiração mais arraigada era mesmo a solidão. Vai amadurecendo nele a decisão de deixar *Shantivanam* para dedicar-se mais a fundo à vida eremítica. Mas isso só vai ocorrer em 1968, quando a responsabilidade do *ashram* passa a ser assumida por Bede Griffiths e Francis Mahieu. Em 1959, faz sua primeira viagem aos Himalaias e fica fascinado pela beleza do lugar. É o início de seu itinerário para o norte, que foi favore-

---

[46] LE SAUX, *Lettres d'un sannyāsī chretien...*, p. 216 e 310.
[47] Id. et al., *Alle sorgenti del Gange*.
[48] Svāmijī era a forma carinhosa como Panikkar tratava o amigo *Abhishiktānanda*. É um termo que deriva de Svāmi, cujo significado é Senhor, mestre. Trata-se de um título de *samnyāsin* (renunciante). A mencionada carta de Panikkar foi publicada no livro *Alle sorgenti del Gange* (LE SAUX et al., p. 105-152). E dá continuidade à carta, trinta anos depois, no prefácio do já citado livro de Shirley du Boulay, *La grotte du coeur*, p. 11-16.

cido pela amizade do Reverendo Murray Rogers e seu grupo anglicano, bem como Raimon Panikkar.[49]

A experiência mais estrita de vida eremítica começa em 1968, mas vai ser um eremita sempre muito ativo. Dizia que "a contemplação é [...] permanecer na Presença sem deixar de estar presente a cada um e cada uma das coisas".[50] Sem perder sua dinâmica itinerante, passa a viver como eremita em Gyansu, nas margens do rio Ganges. Chega o momento de uma vida mais reservada, depois de um longo período de vida comunitária, ainda que elástica. Não deixa, porém, de participar de uma série de atividades relacionadas ao Christa Prema Seva Ashram de Pona, um núcleo empenhado no diálogo cristão-hindu.[51]

Nesse período dedica-se também à orientação espiritual de dois discípulos franceses: a Irmã Thérèse, proveniente do Carmelo de Lisieux,[52] e o jovem seminarista de Bourg en Bresse Marc Chaduc, com o qual vai estabelecer um profundo intercâmbio desde maio de 1969.[53] Os dois discípulos chegam à Índia em 1971. Abhishiktānanda vê em Marc uma vocação muito especial e com ele estabelece uma íntima relação de guru e discípulo.[54] Marc revelava ser alguém de uma excepcional profundidade espiritual, e as cartas enviadas por Abhishiktānanda ao discípulo são testemunhas dessa qualidade singular. O encontro com Marc Chaduc, em especial, suscita nova reviravolta na vida de seu guru. Era tal o nível de profundidade entre os dois que Abhishiktānanda chegou a pensar num movimento de mudança mais radical em sua vida, como relatou a seu amigo Lemarié: "Se tivesse força psíquica, eu me libertaria ainda mais rápido de todos os meus engajamentos, como Marc, e partiria para outras veredas ou pelo menos para a floresta

---

[49] *Alle sorgenti del Gange* (LE SAUX et al.).
[50] DU BOULAY, *La grotte du coeur...*, p. 277.
[51] CALZA, *La contemplazione...*, p. 89.
[52] Henri le Saux já se correspondia com a Irmã Thérèse desde 1959. Ela chega à Índia, para a experiência eremítica, em novembro de 1971.
[53] O biógrafo James Stuart fala, ainda, de dois outros discípulos hindus de Abhishiktānanda: Ramessh e Lalit –STUART, *Le bénédictin et le grand éveil*, p. 262.
[54] James Stuart sublinha que este tipo de relação, guru-discípulo, "não tem paralelo na cultura ocidental", sendo difícil para os ocidentais sua compreensão, que é muitas vezes deturpada –STUART, *Le bénédictin et le grand éveil*, p. 261.

às margens do Ganges, sem sequer um livro, senão os Upanixades e o Novo Testamento".[55] Com Marc, Abhishiktānanda decide aprofundar o seu contato e estudo dos Upanixades. Os dois passam três semanas dedicadas integralmente ao seu estudo, em 1972, no *ashram* de Phulchatti. Foi um período de grande inspiração, do qual nasceram as bases para a redação de um longo ensaio de Abhishiktānanda de introdução aos Upanixades. Em cartas a amigos, em 1972, sublinha a importância e o significado do estudo feito com Marc sobre o tema. Assinala, entre outras coisas, a "mutação" provocada pela experiência: a "impressão indelével" deixada e a inspiração para fundamentais mudanças a serem realizadas na Igreja e nas outras religiões.[56]

Em junho de 1973, o discípulo Marc recebe a iniciação (*dīkshā*) de *sannyāsin*, nas margens do rio Ganges. Numa cerimônia simples e bela, o discípulo recebe do próprio mestre sua iniciação, recebendo o novo nome: *Ajātānanda* (bem-aventurança do não nascido). Segundo Panikkar, o amigo Svāmījī encontrou em Marc o discípulo que buscava, e com ele, a experiência da "plenitude humana da paternidade".[57] Em julho do mesmo ano, mestre e discípulo passam juntos três dias de intensa vida espiritual, no pequeno templo de Ranagal, nas proximidades do Ganges.[58] Em carta dirigida à sua irmã Marie-Thérèse le Saux, em agosto de 1973, Abhishiktānanda assinala que a experiência interior foi tão forte que o corpo teve dificuldade de a suportar.[59] O mestre reconhece que o discípulo realizou plenamente o ideal do *sannyāsa*, dando um passo ainda mais radical: "Aquele que estava atrás

---

[55] LE SAUX, *Lettres d'un sannyāsī chretien...*, p. 417.

[56] STUART, *Le bénédictin et le grand éveil*, p. 279.

[57] LE SAUX, *Diario spirituale...*, p. 30 (prefazione).

[58] Outras experiências espirituais entre os dois tinham acontecido antes, como em novembro de 1971 (em caminhada com Marc junto ao Ganges, perto do *ashram* de Phulchatti), na festa de ascensão, em maio de 1972, no *Shivananda ashram* (Rishikesh), e na experiência conhecida como o "Upanixades de fogo", ainda no mês de maio, no terraço do mesmo *ashram*. A propósito, ver: LE SAUX, *Diario spirituale...*, p. 443-448. Ver, ainda: VALERA, L. *A ponte entre as duas margens. A experiência inter-religiosa de Henri le Saux*. Dissertação de mestrado apresentada no PPCIR da UFJF, 2007. p. 95-98.

[59] LE SAUX, *Ricordi di Arunāchala*, p. 26. Ele diz, em carta a outros amigos, que a experiência de contato com os Upanixades quase o destruiu: "[...] é todo o fundo da alma que se eleva, assim como as ondas do fundo oceânico elevam e agitam as águas do mar... É muito forte sentir a presença do Verdadeiro. É alguma coisa que queima..." – CONIO, *Abhisiktānanda...*, p. 81.

de mim passou adiante, e eu não posso mais atingi-lo...".[60] Os dois participam, porém, da vida que procede de uma mesma profundidade. Poucos dias depois, em 14 de julho, Abhishiktānanda sofre um infarto do miorcádio. Os primeiros dias que se seguiram ao ataque cardíaco foram, paradoxalmente, de grande iluminação e felicidade para Svāmījī. Em seu diário íntimo relata a "maravilhosa aventura espiritual" da grande semana que vai do dia 10 a 18 de julho. Ele sublinha:

> Depois de alguns dias me vem, por assim dizer, a solução maravilhosa de uma equação: descobri o Graal. E isto digo e escrevo a quem quer que seja capaz de aferrar a imagem. A busca do Graal não é senão a busca de Si. [...] E nesta busca corre-se para todo lado, enquanto o Graal está aqui, bem próximo, basta abrir os olhos.[61]

Para alguém que já havia atravessado a "morte" do esvaziamento de si, não foi difícil afrontar a "pequena morte", ocorrida no dia 7 de dezembro de 1973. Os grandes místicos, das mais diversas tradições, afirmam que a tarefa mais árida e complexa é "morrer antes de morrer".

Entre dois amores

Em toda a sua trajetória de vida na Índia, Abhishiktānanda partilhou a presença de dois amores: o Cristianismo e o Hinduísmo. Conseguiu trilhar o seu caminho participando intensamente desses dois "mundos", sobretudo em razão de um chamado que sempre foi muito mais forte em sua vida: o apelo do Real. Foi um buscador singular, que não se poupou a disponibilizar-se para viver o desafio de duas grande tradições religiosas, a duas espiritualidades distintas e complexas. Sua grande virtude foi ter conseguido manter sua fidelidade à tradição cristã sem romper com a abertura ao mistério do *advaita* hindu.

Não foi, porém, uma aventura espiritual desprovida de tensão e angústia. O diário de Abhishiktānanda é permeado pela presença de uma "luta interior" lacerante, e que foi mais intensa entre os anos de 1953 e 1956.

---

[60] LE SAUX, *Diario spirituale...*, p. 485.
[61] Ibid., p. 488.

Trata-se do período em que viveu a experiência de *Arunāchala*, com seus desdobramentos espirituais. Ali encontrou algo mais, uma vida interior fascinante, desveladora da *guha* (gruta) do coração. A angústia de Abhishiktānanda estava justamente no delicado processo de manter o equilíbrio entre os dois amores, de não romper com nenhum dos vínculos que o domiciliavam no mistério maior. Em página de seu diário, em fevereiro de 1956, relata essa tensão:

> A angústia essencial de não conseguir encontrar repouso e alegria em nada daquilo que sempre me deu alegria e repouso. No meu 'pensamento' de Deus e na minha 'relação' com Deus, qualquer que tenha sido... Porque lá onde quero ou me disponho a fixar-me, um *neti*, *neti* imperioso e sem misericórdia surge da profundidade de meu ser: não pare, não pare... E uma outra voz me diz: se não parar, corre para o abismo, para o abismo essencial.[62]

A raiz de todo o sofrimento estava na tensão de querer conciliar o *advaita* com o Cristianismo. Dizia que a fonte de toda a sua angústia estava no querer "permanecer cristão". Acreditava que, se tivesse a coragem de "dar um decisivo passo adiante para aceitar sinceramente o *advaita* com todas as suas possíveis consequências, incluindo a de 'deixar' o Cristianismo, tudo leva a crer que estaria em paz".[63] Mas não era essa a paz que ele queria, nem o movimento de vida que fez. Mesmo tendo encontrado no Hinduísmo a alegria e a paz, como disse em vários momentos, o Cristianismo pulsava forte em seu mundo interior: "[...] há no fundo de mim um *adhisthānanda* (fundamento) cristão dificilmente eliminável".[64] O tormento de viver essas duas existências provoca nele um tal oceano de angústia que chega mesmo a pensar em morrer: "[...] não posso mais viver aqui como monge cristão; e não posso mais viver como monge hindu. Que o Senhor tenha piedade de mim e tire a minha vida! Não mais resisto...".[65]

---

[62] Ibid., p. 214.
[63] Ibid., p. 263.
[64] Ibid., p. 243.
[65] Ibid., p. 218.

O apelo do *advaita*[66] tem a ver, sobretudo, com o âmbito da experiência. Com o amadurecer do tempo, Abhishiktānanda vai percebendo que o encontro verdadeiro entre o Cristianismo e o Hinduísmo deve se operar no seu mundo interior, no nível da experiência. A espiritualidade *advaita*, como mostra Panikkar, envolve uma dialógica da *meta-noia*, ou seja, um processo que rompe toda dualidade e escapa de uma inteligilidade estritamente racional. Não se trata simplesmente de negar a dualidade, mas de não se deixar fixar-se nela:

> A intuição *advaita* não consiste em afirmar a unidade ou negar a dualidade, mas precisamente, com uma visão que transcende o intelecto, saber reconhecer a ausência de dualidade na base de uma realidade que em si mesma carece de dualidade, que não pode ser expressa numericamente, uma vez que não há um dois.[67]

Não há como captar o significado do *advaita* senão através do "olho da fé", ou seja, de um terceiro olho que envolve a experiência da realidade (*anubhāva*). A tensão espiritual de Abhishiktānanda vai se arrefecendo na medida em que aprofunda a verdade *advaita* e sua dinâmica existencial, que tem proximidade maior com o shivaísmo. Mas a intuição que acompanha sua nova consciência implica um desafio de ir sempre além, de avançar com ousadia no âmbito da experiência, de um desnudamento cada vez mais radical visando à captação do Real. Nos últimos cinco anos de sua vida, Abhishiktānanda vive com intensidade a experiência *advaita*, concebendo-a como algo fundamental para a integração do ser humano e sua relação com o contexto mais amplo. Para ele, a nova intuição revelava uma essencial importância para o mundo e para a Igreja.

É interessante constatar como, na medida em que Abhishiktānanda descobre a intuição *advaita*, ele rompe com sua anterior visão teológica, identificada com a teologia do acabamento, segundo a qual todas as demais tradições religiosas encontram no Cristianismo o seu remate e realização. Antecipando uma importante discussão teológica que se dará no pós-Concí-

---

[66] O termo *advaita* vem do sânscrito, e pode ser entendido como "não dualidade", ou, ainda, "a-dualidade". Envolve uma intuição de que a realidade não é nem monista, nem dualista.

[67] PANIKKAR, R. *Il dharma dell'induismo*. Milano: BUR, 2006. p. 171.

lio Vaticano II, Svāmījī assinala que a teologia do acabamento não consegue fazer justiça ao pluralismo religioso. Num artigo sobre a questão dos "arquétipos religiosos", escrito em 1970, mas só publicado após sua morte, levanta sugestivas reflexões sobre o pluralismo religioso como valor irrevogável.[68] Trata-se de uma reflexão pioneira para a teologia das religiões e que aborda os limites de uma teologia do acabamento. Como sublinhou James Stuart, em reflexão a propósito, "uma teologia do acabamento, não somente implica uma visão irrealista do futuro desenvolvimento da Igreja, mas, o que é mais importante, deve ser radicalmente modificada a partir do momento em que o pluralismo religioso é tomado a sério, como o que ocorreu com o Vaticano II".[69]

Com o aprofundamento de sua imersão no *advaita* hindu, Abhishiktānanda vai tomando distância não só de sua experiência em *Shantivanam*, mas também de seu companheiro Monchanin. A diferença entre os dois amigos foi se evidenciando ao longo do tempo. Enquanto Monchanin não conseguia vislumbrar uma saída possível para o profundo abismo que, a seu ver, separava o Hinduísmo do Cristianismo, Abhishiktānanda via nesse abismo um desafio ainda maior para acreditar num encontro que deveria acontecer no âmbito da profundidade. O primeiro era essencialmente um pensador, enquanto o segundo era alguém seduzido pela experiência e decidido a levá-la adiante. Monchanin pressentia na ousadia do amigo o risco maior de uma perda de identidade. Ele se inquieta com o curso tomado pela vida do amigo. Sentia-se, de certa forma, responsável pelo companheiro que fora à Índia por sua interlocução. Para Abhishiktānanda, havia um obstáculo intelectual impedindo o parceiro de ir mais a fundo na experiência do vedanta. Ele o achava muito grego para tal alcance. E sofria com os questionamentos sofridos, tendo dificuldade de reagir ao amigo, com o qual se sentia unido por laços de profundo apreço. Lamenta em seu diário: "É difícil combater aqueles que não vos amam. Mas contra aqueles que vos amam, que se opõem a vós por razões do *dharma* (religião)! Esta é a minha situação com Padre

---

[68] O artigo, que trata do tema dos arquétipos religiosos, foi publicado no livro de Henri LE SAUX *Intériorité e révélation: essais théologiques*, p. 177-207. Sobre a defesa do pluralismo religioso, ver em especial, as p. 192-195 e 197-198.

[69] STUART, *Le bénédictin et le grand éveil*, p. 241. Ver, ainda: DU BOULAY, *La grotte du coeur…*, p. 172-173 e 313.

Monchanin e com os meus amigos da Igreja".[70] É curioso observar que Monchanin, apesar do grande apreço que nutre pelo amigo bretão, busca restringir o seu voo reagindo aos toques de ousadia de sua reflexão. Isso vai ocorrer na sua resistência a certas passagens do livro feito em comum – *Eremitas do saccidānanda* –, sobre a conveniência da publicação do livro *Guhantara*, bem como à dinâmica de envolvimento de Abhishiktānanda com o seu guru Gnānānanda.[71] São reações que expressam o temor de um mergulho mais fundo no mundo da alteridade.

O engajamento espiritual de Abhishiktānanda em dois mundos religiosos distintos coloca a complexa questão de sua dupla pertença. Se mesmo hoje a questão é mal digerida, na década de 1950 era ainda muito mais, podendo passar quase que por heresia naquele contexto da tradição cristã. Não é de estranhar que a dupla pertença do buscador bretão vai deixá-lo meio isolado, mesmo entre os amigos mais próximos, como Monchanin. Um dos poucos que o apoiaram na época foi Panikkar, para quem a lealdade de Abhishiktānanda a duas visões de mundo não implicava um problema ou contradição.[72] O que estava em curso, e que não pode ser confinado numa racionalidade estreita, era a fidelidade de um buscador ao mistério do Real. Mais do que uma questão de ideias, estava em jogo um testemunho autêntico de vida.

Em âmbito da reflexão teológica contemporânea, Jacques Dupuis levanta a discussão sobre a plausibilidade de uma partilha de experiências de fé diferentes. Argumenta que, se de um ponto de vista absoluto é algo problemático, dado o caráter de envolvimento integral que cada fé religiosa implica, não se pode, por outro lado, excluir tal possibilidade, em razão de experiências significativas e positivas que confirmam a hipótese.[73] O teólogo

---

[70] LE SAUX, *Diario spirituale...*, p. 281. Monchanin vai reagir permanentemente contra o desejo de Abhishiktānanda deixar Shantivanam. Ele o vai acusar de egoísmo e outras coisas mais. As resistências virão também de outros amigos, como B. Griffits e F. Mahieu. Ver, a respeito: DU BOULAY, *La grotte du coeur...*, p. 260-262; 167-168. E também: MONCHANIN, *Lettres au Père Le Saux*, p. 114, 149, 243-244. STUART, *Le bénédictin et le grand éveil*, p. 61 e 80.

[71] STUART, *Le bénédictin et le grand éveil*, p. 73. MONCHANIN, *Lettres au Père Le Saux*, p. 227. DU BOULAY, *La grotte du coeur...*, p. 223.

[72] DU BOULAY, *La grotte du coeur...*, p. 14-15.

[73] DUPUIS, J. *Verso una teologia cristiana del pluralismo religioso*. Brescia: Queriniana, 1997. p. 510. E o exemplo que ele dá, em nota de rodapé, é o de Abhishiktānanda, que bem conheceu na Índia.

Claude Geffré também admite a viabilidade de uma dupla pertença no âmbito da experiência religiosa. Considera legítimo e viável a assunção feita por cristãos de elementos "estranhos" à própria tradição como fator de enriquecimento da própria religião. Ele não só reconhece essa possibilidade como nela desoculta traços que são "prometedores de novas figuras históricas do Cristianismo".[74] Em outro artigo sobre a questão, Geffré assinala a impossibilidade de admissão de uma dupla pertença quando se aborda a questão da "religião como sistema", mas, no caso de tratar a religião como "experiência interior e como entrega total de si a um Absoluto" que ultrapassa o sujeito, considera possível afirmar uma "continuidade" entre experiências religiosas distintas.[75]

Não se pode brandir tais experiências como relativistas assim como se tende a fazer em determinadas situações, de forma superficial e dogmática. Há que avaliar seriamente cada caso, com espírito de abertura e acolhida. Aqueles que vivem uma semelhante experiência podem ser reconhecidos como "pessoas liminares", para utilizar um jargão da antropologia. São pessoas singulares que se sentem chamadas a partilhar duas tradições religiosas distintas, vivendo "na fronteira de duas comunidades e seus universos simbólicos e se sentem à vontade entre os dois".[76] Em seu clássico estudo sobre o processo ritual, o antropólogo Victor Turner tratou a questão da liminaridade nos ritos de passagem. Sinaliza em sua obra que os "atributos da liminaridade, ou de *personae* (pessoas) liminares são necessariamente ambíguos, uma vez que esta condição e estas pessoas furtam-se ou escapam à rede de classificações que normalmente determinam a localização de estados e posições num espaço cultural".[77] São entidades que não podem ser fixadas aqui ou ali, mas que se encontram "no meio", e o fato de esta-

---

[74] GEFFRÉ, C. *Profession théologien. Quelle pensée chrétienne pour le XXI siècle?* Paris: Albin Michel, 1999. p. 242. Ver, ainda: KNITTER, P. F. *Introduzione alle teologia delle religioni.* Brescia: Queriniana, 2005. p. 448-449 (tomando como exemplo o caso de Thomas Merton).

[75] GEFFRÉ, C. Doublé appartenance et originalité du christianisme. In: GIRA, D.; SCHEUER, J. (Eds.). *Vivre de plusieurs religions. Promesse ou illusion?* Paris: L'Atelier, 2000. p. 122-143 – aqui, p. 134.

[76] AMALADOSS, M. La double appartenance religieuse. In: GIRA, D; SCHEUER, J. (Eds.). *Vivre de plusieurs religions. Promesse ou illusion?* Paris: L'Atelier, 2000. p. 44-53 – aqui, p. 52.

[77] TURNER, V. W. *O processo ritual. Estrutura e antiestrutura.* Petrópolis: Vozes, 1974. p. 117.

rem numa situação fronteiriça provoca, muitas vezes, resistência e oposição, dada a sua "invisibilidade" e seu poder "contaminador" e "perigoso".[78]

A abertura inter-religiosa

O teólogo Paul Tillich, em clássico texto sobre a relação do Cristianismo com as outras religiões, assinalou que é no âmbito da profundidade (*depth*) que se ganha liberdade espiritual para poder perceber a "presença do divino em todas as expressões do sentido último da vida humana".[79] Foi essa a grande chave que Abhishiktānanda captou em sua trajetória de vida para o diálogo do Cristianismo com o Hinduísmo. O ponto de liberdade de toda religião está no fundo, escondido na *guha* (gruta) do coração.[80] Trata-se do mistério de Deus ou do Real que habita o fundo do coração:

> Deus está dentro, no mais profundo, no mais íntimo, no mais si de si. Não se trata de sair de si, de buscar fora para encontrar Deus, como uma pessoa que viaja em direção ao Norte, percorrendo um grande círculo, para encontrar seu irmão no Sul, não se dando conta de que estão separados apenas por uma porta... Trata-se de sair de si mesmo através de um caminho interior, para atingir o Si.[81]

Essa percepção não é nova na tradição cristã, estando em linha de continuidade com grandes místicos como Eckhart, Tauler e Ruysbroek. Mas também com a tradição *advaita* hindu. Na dinâmica de sua experiência espiritual, Abhishiktānanda pôde perceber que no "mistério do fundo", para além de todos os conceitos, estava a solução de sua dolorosa angústia. Passa a viver como um "hóspede da interioridade", trilhando com ousadia e coragem os círculos cada vez mais profundos do caminho interior, em direção ao mistério que habita o fundo da gruta (*guhāntara*). E aconselha igualmente a seu discípulo, Marc Chaduc, trilhar um semelhante caminho:

---

[78] Ibid., p. 117 e 133. Ver também: CARRASCO, D. Os que partem para uma jornada sagrada. *Concilium* (Br) 266/4 (1996) 10-23.
[79] TILLICH, P. *Le christianisme et les religions*. Paris: Aubier, 1968. p. 173.
[80] LE SAUX, *Intériorité et révélation*, p. 62. *Diario spirituale...*, p. 358. STUART, *Le bénédictin et le grand éveil*, p. 299.
[81] LE SAUX, *Diario spirituale...*, p. 129. Também p. 153.

O essencial é penetrar no mistério interior que a Índia testemunha tão intensamente. Que você o irradie mais tarde no seio da Igreja do Ocidente ou da Igreja da Índia é secundário. Sem um 'senso' contemplativo, sua vinda à Índia é absolutamente inútil. Venha para receber; não busque nada mais a dar do que a rosa ou o lírio. Sua interioridade irradiará por si, seja o meio cristão ou hindu. Preocupe-se em ser e não de apenas fazer [...], nem mesmo de compreender intelectualmente [...].[82]

Para Abhishiktānanda, a necessidade desta dimensão de fundo, tão essencial para o ser humano, era também um desafio para a Igreja cristã. Não via outra possibilidade de ela se aproximar do mistério da Índia senão mediante um mergulho mais fundo no mistério da interioridade. Em carta dirigida à sua irmã, pondera:

A salvação da Igreja e do mundo não está em circunstâncias apocalípticas extraordinárias, mas no simples aprofundamento do sentido da Presença íntima de Deus. [...] Não de missões, nem palavras ou formas de vida, mas somente de uma presença incoercível, abrasante e transformante; e esta comunicação se faz diretamente, de espírito a espírito, no silêncio do Espírito. A verdade está na humildade e no não extraordinário.[83]

O cristão não precisa romper com Jesus para viver esse mistério de profundidade, mas necessita, sim, aprofundar sua nova percepção que se oferece através do "mistério do *advaita*".[84] Na visão de Abhishiktānanda, Jesus aparece como *sadguru*, o mestre verdadeiro que aparece no tempo para conduzir o ser humano ao mistério que habita em seu interior.[85] Aparece igualmente como *taraka*, ou seja, aquele que abre condições para uma verdadeira passagem ao mundo do outro; aquele que permite a travessia ao mistério do Pai.[86] Essa nova percepção de Jesus foi objeto de um longo aprendizado na

---

[82] Apud STUART, *Le bénédictin et le grand éveil*, p. 227.
[83] Ibid., p. 274.
[84] LE SAUX, *Diario spirituale...*, p. 227.
[85] Ibid., p. 392.
[86] Ibid., p. 148-149 e 195.

Índia. Em seu diário, Svāmījī recorda que chegou inicialmente ao ambiente hindu com o intuito de anunciar a Igreja e o Cristo, e pôde descobrir que a Índia favoreceu-lhe penetrar "muito mais profundamente" o mistério de que acreditava ser o portador.[87]

Para alguns mestres ou amigos que encontrou em sua experiência indiana, a solução para o mergulho mais fundo no *advaita* puro era romper com Cristo ou o Cristianismo. Era o que lhe aconselhavam tanto o doutor Mehta como Harilal. O primeiro dizia que ele deveria abandonar a fé cristã para vencer a angústia que o dominava no período.[88] O segundo impulsionava-o para uma experiência mais radical do *advaita*. Ele dizia: "Não te resta senão uma coisa: rompe com os últimos vínculos que ainda te mantêm aprisionado. Estás pronto para fazê-lo. Abandona tuas orações, a tua devoção, a tua contemplação disto ou daquilo. Compreendes que *tu és*".[89] Havia, entretanto, em Abhishiktānanda um fundamento (*adhisthānanda*) cristão vigoroso, que o mantinha vinculado, mas sempre mantendo uma liberdade singular. O amor que o mantinha ligado a Jesus era muito forte:

> Quer queira, quer não, eu sou profundamente ligado a Jesus Cristo e também à *koinonia* da Igreja. É nele que o 'mistério' se revelou para mim, desde o momento de meu despertar a mim mesmo e ao mundo. É sob a sua imagem, sob o seu símbolo, que eu conheço a Deus e também a mim mesmo e o mundo dos homens. Desde o momento em que me despertei para novas profundidades em mim (profundidade do si, do *ātman*), este símbolo desenvolveu-se maravilhosamente. Já a teologia cristã me havia favorecido descobrir a eternidade do mistério de Jesus, *in sinu Patris*. Mais tarde a Índia revelou-me a dimensão cósmica deste mistério, uma revelação, uma *vyakti* (manifestação total) do mistério, na qual insere-se a revelação judaica.[90]

---

[87] Ibid., p. 195. Em carta a Marc Chaduc, de dezembro de 1971, dizia: "Eu pensava aqui esses dias que Deus revelou-nos o seu rosto em Jesus, de forma mais bela e pura; mas no *Purusa* dos Upanixades revelou-nos sua interioridade única, que é também de nós" – Apud STUART, *Le bénédictin et le grand éveil*, p. 267.

[88] Ibid., p. 160-161;

[89] LE SAUX, *Ricordi di Arunāchala*, p. 203.

[90] Id., *Diario spirituale...*, p. 426.

O grande desafio dialogal intuído por Abhishiktānanda relaciona-se com a "subida ao fundo do coração". Um processo complexo e difícil, que implica despojamento radical e a ruptura dos "nós" do coração. Como sinalizou Panikkar, ocorre a "subida" quando há um despojamento verdadeiro; alcança-se o fundo quando se atinge o centro, que é o coração.[91] No Livro dos Upanixades fala-se em "nós do coração", e do necessário desatamento dos nós, da superação dos *nāmarūpa* (nomes e formas) e do *ahamkāra* (egoísmo), para se alcançar o "Eu" fundamental (*aham*).[92]

Se Deus está no fundo do coração, sua presença é universal e seu mistério revelador é inusitado. Em página de seu diário, Abhishiktānanda reconhece isso com clareza:

> Deus não é mais aqui e menos lá; essas são ideias do homem míope e suas distinções. Deus se faz presente tanto no voo do inseto como na contemplação do teólogo ou no ato de amor místico. Deus não estava menos em Yājñāvalkya que em Isaías, não estava menos em Sākyamuni (o Buda) que em Paulo de Tarso.[93]

Há um incontornável pluralismo religioso, e Abhishiktānanda tem plena consciência disso. O desafio que busca responder em sua vida e em sua prática espiritual é o de um encontro das religiões em nível de maior profundidade, é o de buscar a Fonte comum que as irmana. A grande pista está no mistério do *advaita*, presente no recinto mais íntimo seja do Hinduísmo, seja do Cristianismo. É na dimensão de profundidade que essas duas tradições podem encontrar a "não dualidade" que as preside. E isso vale também para o diálogo com as outras religiões. Para Abhishiktānanda, "não é na redução de suas crenças e práticas que as religiões revelam sua unidade [...], mas em algo de mais profundo, de inexprimível e indizível, *avyakta*, e que não pode jamais tornar-se *vyakta*, essencialmente não manifesto e não manifestável".[94] Há entre as diversas religiões uma "misteriosa correspon-

---

[91] Ibid., p. 20 (prefazione).
[92] Ibid., p. 135 e 147. *Risveglio a sé risveglio a Dio*, p. 104. A menção aos "nós do coração", nos Upanixades, encontra-se em Mundaka-up, II,2 8 e 9.
[93] Id., *Diario spirituale...*, p. 222.
[94] Apud DAVY, *Henri le Saux. Le passeur entre deux rives*, p. 173.

dência". Não há por que entendê-las como "sistemas paralelos" ou hierarquicamente distintos, como se só o Cristianismo fosse portador do "passo definitivo". Todas participam do "*darśana* (visão) do mistério que advém" e são "verdadeiras em seu âmbito".[95]

O clássico documento *Diálogo e Missão*, do então Secretariado para os Não Cristãos, identificou o diálogo da experiência religiosa como aquele que se dá em nível de maior profundidade.[96] O itinerário de buscadores como Abhishiktānanda (Henri le Saux), Panikkar, Thomas Merton, Louis Massignon e tantos outros, expressa a riqueza de uma tal experiência e o seu grande potencial dialogal. São figuras humanas excepcionais que se dispuseram ao exercício de "autoexposição ao outro" sem romperem com o "autorrespeito genuíno", ou seja, o respeito à particularidade da própria tradição religiosa. No caso específico de Abhishiktānanda, há que reconhecer sua extraordinária generosidade e ousadia dialogal. Trata-se de alguém que viveu em profundidade a experiência do encontro com a alteridade. Não se restringiu a viver o diálogo como um exercício de assimilação de elementos de exterioridade da outra tradição, mas movido por sede mais intensa, buscou arrojar-se numa dinâmica de aprendizado ainda mais radical, vivendo a autenticidade do *advaita*. Foi um peregrino que assumiu o "risco" de uma travessia novidadeira, marcada pelo encontro criador de uma experiência religiosa pontuada por duas tradições distintas. Longe de significar uma experiência relativizadora da tradição, o seu itinerário revela, antes, a densidade e a riqueza de uma experiência espiritual e de uma "comunicação em profundidade" que não se detém diante das diferenças.

---

[95] LE SAUX, *Diario spirituale*..., p.155.
[96] SECRETARIADO PARA OS NÃO CRISTÃOS. *A Igreja e as outras religiões. Diálogo e Missão.* São Paulo: Paulinas, 2001. n. 35.

3

Raimon Panikkar: a aventura no solo sagrado do outro

Raimon Panikkar (1918-2010) foi um dos mais ousados e singulares buscadores do diálogo. Sem dúvida alguma, um pioneiro no campo do diálogo das religiões, que abriu pistas e caminhos novidadeiros para a reflexão e exercício de uma dinâmica inovadora na relação do Cristianismo com as diversas tradições religiosas, em particular com o Hinduísmo. Sua longa vida foi marcada pelo dom da abertura e do aprendizado com o outro. Uma vida "caleidoscópica", como assinalou o amigo Miquel Siguan, também estudioso do místico catalão. Um traço peculiar de Panikkar, enquanto pensador, é a criatividade e o manejo original de lidar com as palavras. Com seu singular jargão, Panikkar favorece a viagem ao mundo sagrado do outro, desvendando caminhos, quebrando preconceitos e suscitando uma admiração que transforma o horizonte da autocompreensão. Vale bem para Panikkar o que David Tracy falou sobre a difícil arte da conversação inter-religiosa, esse "inquietante lugar" que provoca mudanças na autocompreensão do sujeito ao levar realmente a sério as posições do outro.[1]

Traços biográficos

A sua vida familiar já reflete uma dinâmica dialogal e multicultural. Nasce em Barcelona, em novembro de 1918, numa típica família burgue-

---

[1] TRACY, D. *Pluralidad y ambiguedad. Hermenéutica, religión, esperanza.* Madrid: Trotta, 1997. p. 142.

sa. Sua mãe, Carmen Alemany, era catalã e profundamente católica. Uma mulher marcada por grande abertura, que cultivava a música e as artes; seu pai, Ramun Panikkar,[2] um hindu de origem aristocrática e passaporte britânico. O casal teve quatro filhos. Panikkar fala dos pais com carinho. Recorda a gentileza de seu pai e o caráter decisivo de sua mãe. É dela que recebe uma singular educação católica, que o levou a enamorar-se, desde cedo, da pessoa de Jesus Cristo. Essa marca multicultural de sua vida vai ser por ele lembrada em passagens de sua reflexão: "Havia uma harmonia profunda entre meu pai e minha mãe, sendo de duas tradições diferentes".[3] No âmbito dessa experiência familiar, de compreensão e respeito, é que se gestou uma perspectiva distinta para o itinerário de Panikkar. Ele assinala que esse aprendizado vem do início de sua vida: "Aquelas dimensões da fé cristã que me permitiam viver em paz com a outra parte de meu ser: a discreta influência de meu pai, que me cantava e explicava o *Bhagavad-Gita*, que me fornecia os fundamentos do sânscrito e me envolvia numa não confessional atmosfera hindu".[4]

A questão religiosa foi marcante na vida de Panikkar. Admite, em entrevista concedida a Gwendoline Jarczyk, que esteve sempre "preocupado por aquilo que hoje se define como o problema religioso".[5] Sua formação inicial aconteceu com os jesuítas de Barcelona, no Colégio Santo Inácio de Sarriá. Os estudos universitários foram realizados nas universidades de Barcelona, Bonn e Madri. Em 1946, ano de sua ordenação sacerdotal, doutorou-se em Filosofia e Letras na Universidade de Madri, com uma tese sobre *O conceito de natureza. Análise histórica e metafísica de um conceito*.[6] O segundo doutorado veio em 1958, em Ciências Químicas, defendido na mesma

---

[2] O nome Panikkar era um título nobiliário malabar.

[3] PRIETO, V. P. *Más allá de la fragmentación de la teología. El saber y la vida;* Raimon Panikkar. Valencia: Tirant lo Blanch, 2008. p. 41.

[4] Ibid., p. 41. Em reflexão expressa em 2001, lembra Panikkar: "Fui educado no Catolicismo de minha mãe espanhola, mas sem jamais ter deixado de permanecer unido à tolerante e generosa religião de meu pai hindu" – PANIKKAR, R. Non devo difendere la mia verità, ma viverla. *Missione Oggi* 4 (2001). Ver, ainda: Id.; CARRARA, M. *Pellegrinaggio al Kailâsa*. Troina: Servitium, 1996. p. 63-64.

[5] PANIKKAR, R. *Entre Dieu et le cosmos*. Paris: Albin Michel, 1998. p. 19 (Entretiens avec Gwendoline Jarczyk).

[6] A tese foi publicada em Madri, em 1951, com posterior edição revisada em 1972.

universidade, com uma tese sobre *Alguns problemas limítrofes entre ciência e filosofia. Sobre o sentido da ciência natural*.[7] Três anos depois, em Roma, defende seu doutorado, na Universidade Lateranense, com uma tese que tratou o tema do *Cristo desconhecido do hinduísmo*. O orientador inicial foi Pietro Parente, que deixou o trabalho para outro professor da Lateranense assim que se tornou cardeal. A tese foi convertida num dos livros mais traduzidos e exitosos de Panikkar, publicado originalmente em inglês, em 1964.[8]

Durante parte de seu processo de formação Panikkar esteve ligado à *Opus Dei*. Entra na organização disposto "a colaborar com todo o seu ser para a edificação do Reino de Deus na terra, com o entusiasmo dos jovens em sua reação ao esfacelamento da sociedade. Aceita o rigorismo da organização como um dever para modelar o próprio caráter e tornar-se um perfeito cristão".[9] Permanece ligado à organização por mais de duas décadas, dos anos 1940 a 1964, mas sua relação com a *Opus Dei* foi ficando aos poucos mais difícil à medida que avançava em sua reflexão e compromisso de vida. Passa por momentos de incompreensão e animosidade, encontrando resistências localizadas. Sua presença torna-se causa de incômodo. Então, é dispensado canonicamente de seus compromissos com a organização e incardina-se na Diocese de Varanasi (Índia).

Quando Panikkar doutorou-se em Teologia, em 1961, já tinha feito sua primeira viagem à Índia, terra de seu pai, e isso ocorreu no final de 1954, numa missão apostólica. Passa um ano no Sul da Índia, estabelecendo-se em Varanasi. Já tinha certo domínio do sânscrito, que aprendera em Barcelona. Com 36 anos de idade vislumbrava com essa viagem o nascimento de um novo e decisivo período em sua vida e o relata de forma viva num testamento:

> Parece-me necessário falar de mim uma última vez para cancelar um período de minha vida, que quase com toda certeza abarca mais da metade cronológica de minha existência terrestre... Posso dizer que come-

---

[7] A tese foi publicada em Madri, em 1961, com o título *Ontonomia de la ciencia. Sobre el sentido de la ciencia y sus relaciones con la filosofía* (Madri: Gredos, 1961).

[8] PANIKKAR, R. *The Unknown Christ of Hinduism*. London: Darton Longman & Tod, 1964 (com posteriores edições em espanhol, francês, italiano, alemão e chinês).

[9] Id.; CARRARA, *Pellegrinaggio al Kailâsa*, p. 65.

ça um período novo em minha vida, com a morte real de minhas ilusões e ideais assumidos até agora...[10]

Em Varanasi leva uma vida "quase monástica", estudando, meditando e escrevendo. Ocorre que um de seus textos é descoberto por um professor de Harvard, que o convida para ser professor visitante na prestigiosa universidade. Estimulado pelo bispo de Varanasi, Panikkar aceita o convite e ministra o curso em Harvard. Foi tal o sucesso alcançado que ele é nomeado professor por mais cinco anos. Como Panikkar não desejava deixar a Índia, acabou fazendo um contrato de permanência semestral.[11] Por mais de vinte anos Panikkar divide o seu tempo entre a Índia e os Estados Unidos. Para tecer o fio dessa complexa convivência entre cidades tão díspares como Santa Bárbara e Varanasi, tão distantes quanto ao índice de desenvolvimento humano, só mesmo uma vida interior de profundidade. E Panikkar relata a respeito: "Eu me descobri, desse modo, não entre, mas no meio do Oriente e do Ocidente, em suas respectivas versões hindu-budista e cristã-secular, que se tornaram parte do meu universo pessoal".[12]

Como professor visitante, ministra cursos de religiões comparadas nas universidades Harvard e da Califórnia, mas também atua nas universidades de Cambridge (Inglaterra) e de Montreal (Canadá). É nomeado, em seguida, professor catedrático de Filosofia Comparada das Religiões e História das Religiões na Universidade da Califórnia-Santa Bárbara, onde se estabelecerá entre os anos de 1971 e 1987. É com gosto que Panikkar trabalha na Universidade da Califórnia, numa década particularmente favorável para o exercício crítico e a criatividade. Ele relata a respeito:

> A Califórnia é a terra do mais forte espírito crítico norte-americano; em face do conservadorismo de Boston (Universidade Harvard), a Califórnia teve sempre uma larga tradição de abertura. Foi nela que brotou a cultura de protesto e a contracultura nos anos 60-70, os movimentos

---

[10] PANIKKAR, R. Mi testamento. Apud PRIETO, *Más allá de la fragmentación de la teologia...*, p. 53.
[11] Id., *Entre Dieu et le cosmos*, p. 21.
[12] Id.; CARRARA, *Pellegrinaggio al Kailâsa*, p. 69.

inconformistas universitários, o movimento hippie, movimentos antimilitaristas e outros movimentos radicais.[13]

Na visão de Panikkar, viver na Califórnia era "estar no centro vital", e poder participar de toda renovação espiritual que ali acontecia, e também deixar-se enriquecer pela sua dinâmica intercultural e inter-religiosa, de particular abertura ao Oriente. Reconhece também o traço pioneiro das universidades americanas no campo do estudo das religiões:

> A universidade norte-americana é, possivelmente, a primeira no sentido de levar a sério, acadêmica e cientificamente, o problema religioso, na segunda metade do século XX. O estudo acadêmico das religiões deu um passo gigantesco com o aporte da universidade norte-americana. Diferentemente das universidades europeias, onde o estudo das religiões passou quase que por esquecido.[14]

Em 1987, Panikkar retorna às suas raízes na Catalunha. Deixa a Universidade de Santa Bárbara, agora como professor emérito, e passa a viver em Tavertet, um pequeno povoado da província de Barcelona (comarca de Osona). Sem romper com suas atividades (cursos, seminários e encontros), passa a ter uma vida mais concentrada, voltada, sobretudo, para a meditação. É nesse vilarejo montanhoso, "envolvido por silêncio e beleza", que vive sua última etapa da vida, vindo a falecer em agosto de 2010, aos 91 anos de idade. Deixou uma vasta obra publicada, que agora está sendo recolhida de forma sistemática pela editora Jaca Book (Itália), sob a organização de Milena Carrara Pavan. Estão previstos dezoito volumes, tratando os seguintes temas: Mística e Espiritualidade (dois tomos), Religião e religiões, Cristianismo, Hinduísmo (dois tomos), Budismo, Culturas e religiões em diálogo (dois tomos), Hinduísmo e Cristianismo, Visão trinitária e cosmoteândrica: Deus-Homem-Cosmo, Mistério e hermenêutica (dois tomos), Filosofia e teologia, secularidade sagrada, Espaço, tempo e ciência, Miscelânia (reunião de textos), Fragmentos de um diário.[15]

---

[13] Apud PRIETO, *Más allá de la fragmentación de la teología...*, p. 62.
[14] Ibid., p. 63.
[15] São volumes que cobrem um grande itinerário de vida, em torno de setenta anos. Aos volumes citados vem também acrescentado um livro que expressa a síntese de seu pensamento, onde se

Os apelos da Índia

O traço inter-religioso já estava impresso no coração de Panikkar. Não foi difícil para ele mergulhar corajosamente no mistério da Índia. Desde o seu primeiro contato com a Índia, no final de 1954, foi tomado por uma paixão avassaladora. Recorda em seus trabalhos que foi um dos períodos mais felizes de sua vida. Foi a oportunidade de viver a fundo a dinâmica inter-religiosa e descobrir a ideia de relação, que será tão importante para ele ao longo de sua trajetória. Em resposta às perguntas sobre o seu itinerário humano, respondia com tranquilidade: "Parti cristão, me descobri hindu e retornei budista, sem jamais ter deixado de ser cristão". E complementou sua reflexão mais tarde, dizendo que em seu retorno reconheceu-se um "melhor cristão".[16]

Foi no desvelamento de seu itinerário de busca que Panikkar encontrou o Hinduísmo e o Budismo, e isso ocorreu de forma natural e sem angústia.[17] Reconhece que foi à Índia como um aprendiz que indaga, como alguém que se achega aos pés de um mestre:

> Não fui à Índia como um professor, mas como aluno... como aquele que busca, como alguém que se senta sem dificuldade aos pés de um mestre, que aprendia a língua dos aborígenes e queria ser um deles... Isso não era uma tática, nem mesmo algo que havia planejado. Era o meu *karma*. Ocorreu simplesmente assim... Queria identificar-me com minha identidade hindu, e para isso não havia o que fazer senão deixá-la emergir em mim.[18]

---

recolhem as introduções de todos os volumes de sua obra completa (*opera omnia*): PANIKKAR, R. *Vita e parola. La mia opera.* Milano: Jaca Book, 2010.

[16] PANIKKAR, R. *Il dialogo intrareligioso.* Assisi: Cittadella, 1988. p. 60. *Entre Dieu et le cosmos*, p. 84.

[17] Diferentemente de outro buscador, Henri le Saux (Abhishiktānanda), a comunhão de Panikkar com o Hinduísmo não foi motivo de angústia. Ele reconhece que o simultâneo sentir-se cristão e hindu, monoteísta e *advaitin*, não foi para ele um problema. Cf. DU BOULAY, S. D. *La grotte du coeur. La vie de Swami Abhishiktananda (Henri le Saux).* Paris: Cerf, 2007. p. 14.

[18] Apud PRIETO, *Más allá de la fragmentación de la teología*, p. 55.

A tradição hindu já era um traço familiar, que retomou com alegria. A abertura ao Budismo veio na sequência, como desdobramento de um aprofundamento de sua dinâmica vital:

> Minha identidade budista desenvolveu-se de outra maneira, uma vez que não havia nascido com ela. Minhas iniciações no Budismo chegaram, também, de forma natural, mas foram resultado do trabalho interior, que com muita paciência e humildade assemelhava-se *minutis minuendis* ao Buda: a radical sensibilidade humana, ou uma experiência comparável à que os hindus e cristãos fazem do nada.[19]

Panikkar tem plena consciência do caráter inefável de uma experiência religiosa, de seu traço único e singular, que não pode ser comparável a outra. Há nela um mistério que é intransponível. Mesmo assim, reconhece a possibilidade de alguém falar duas linguagens experienciais, e ele mesmo é um exemplo vivo disso. Acredita ser possível alguém penetrar de modo "existencial e vital" em outras cosmovisões, de encarnar-se numa outra cultura, de penetrar sua linguagem e partilhar o seu mundo. Tudo isso de forma natural, desde que essa relação não comprometa as "próprias intuições fundamentais".[20]

Assim como Panikkar, temos outros exemplos de místicos cristãos que ampliaram sua forma de compreender a identidade cristã, enriquecendo-a com outras perspectivas religiosas, como é o caso de Henri le Saux, Thomas Merton e Louis Massignon. Alguns falam em linguagem "híbrida", outros em "bilinguismo" ou "dupla pertença". As expressões nem sempre conseguem traduzir de forma clara o que se dá na experiência viva, de cristãos que se dão conta, no exercício relacional, que a realidade do Mistério não consegue esgotar-se numa única tradição religiosa. Há, de fato, aspectos novidadeiros e inusitados nas múltiplas formas de aproximação e entendimento com Deus, que transbordam a experiência específica do Cristianismo. Teólogos cristãos, como Jacques Dupuis, reconhecem que, apesar da dificuldade real em partilhar duas fés religiosas diversas, não se pode omitir uma tal possi-

---

[19] Ibid., p. 55-56.
[20] PANIKKAR, R. *L'esperienza della vita. La mística.* Milano: Jaca Book, 2005. p. 184-185.

bilidade, uma vez que experiências profundas nessa direção não são raras nem desconhecidas.[21]

A relacionalidade é um traço tão rotineiro na vida de Panikkar que acreditar na possibilidade de uma experiência profunda e partilhada com tradições religiosas distintas é para ele algo natural e inquestionável. Vai ainda mais longe ao sustentar que aquele que não consegue fazer uma tal experiência inter-religiosa, brotando do íntimo do coração, ainda que de forma incoativa, corre o risco de tornar-se um fanático. O caminho da autenticidade passa, necessariamente, pela abertura radical do coração ao mundo da diferença e da diversidade. Trata-se de uma experiência que é única e preciosa para a afirmação da identidade. Na visão de Panikkar, "aquele que não conhece senão sua religião não a conhece verdadeiramente",[22] daí a importância essencial do diálogo inter-religioso. É insuficiente considerar que basta fixar-se na própria tradição religiosa, aprofundando-a, para encontrar o Mistério sempre maior, que está na fonte de toda busca. Para Panikkar, tal solução é insuficiente e não convincente: "Sem um diálogo externo, ou seja, sem um intercâmbio constante com outras pessoas, as religiões afogam-se [...]. Dificilmente alguém [...] poderá entender a fundo sua religião sem ter uma ideia da existência e legitimidade de outros universos religiosos".[23]

A pista para o encontro verdadeiro está na direção da profundidade. Não é fruto exclusivo de um trabalho racional: "É na profundidade do conhecimento obscuro da fé que as duas espiritualidades podem encontrar-se e é ali que pode ocorrer, para as duas partes, uma real conversão".[24] Ser-

---

[21] DUPUIS, J. *Rumo a uma teologia cristã do pluralismo religioso*. São Paulo: Paulinas, 1999. p. 518. KNITTER, P. F. *Introdução à teologia das religiões*. São Paulo: Paulinas, 2008. p. 357-358. GEFFRÉ, C. *Profession théologien. Quelle pensée chrétienne pour le XXI siècle?* Paris: Albin Michel, 1999. p. 242 (Entretiens avec Gwendoline Jarczyk).

[22] PANIKKAR, R. *Entre Dieu et le cosmos*, p. 74 e 174.

[23] Id. Religion (Dialogo intrareligioso). In: FLORISTAN, C.; TAMAYO, J. J. (eds.). *Conceptos fundamentales del cristianismo*. Madrid: Trotta, 1993. p. 1148.

[24] PANIKKAR, R. *Il Cristo sconosciuto dell'induismo*. Milano: Jaca Book, 2008. p. 129. Na visão de Panikkar, é na profundidade da experiência mística que se dá a possibilidade de harmonizar as diversas tradições religiosas, e não numa "abertura horizontal indiscriminada" – CALZA, S. *La contemplazione. Via privilegiata al dialogo cristiano-induista*. Milano: Paoline, 2001. p. 176-177. Ele também assinala que "só partindo do fundo mesmo do mistério, e não de suas manifestações, poderemos dizer se as outras religiões são verdadeiras ou simplesmente aparências ilusórias" – PANIKKAR, R. *La nuova innocenza 3*. Sotto il Monte: Servitium, 1996. p. 142.

ve aqui a distinção estabelecida por Panikkar entre fé e crença. Enquanto para ele a fé é sempre transcendente e aberta, não podendo ser expressa em fórmulas universais, a crença é sempre particular. Ela busca traduzir a fé no âmbito das estruturas relativas a uma dada tradição particular, mas deve estar sempre referendada ao horizonte transcendente mais amplo. A fé transcende as formulações dogmáticas das diversas tradições religiosas, mas está sempre vinculada a ideias e fórmulas, expressas nas crenças, sem, porém, identificar-se com elas em momento algum. Na medida em que a fé identifica-se cegamente com a crença, não deixando o horizonte aberto, o diálogo é interrompido e firma-se a realidade de um exclusivismo problemático e necrófilo.[25]

Em sua permanência na Índia, foram decisivos os encontros com Jules Monchanin (1895-1957), Bede Griffiths (1906-1993) e em particular Henri le Saux (1910-1973). O exemplo de Abhishiktānanda, como Le Saux é nomeado, marcou profundamente Panikkar. Ele o via como um dos "espíritos ocidentais mais autênticos" no que toca ao mergulho na experiência indiana. Foi no encontro e convivência com ele que soube aprofundar-se no caminho do *advaita* (a-dualidade) e na experiência do diálogo com o Hinduísmo, aproximando-se da "natureza abissal do encontro". Naquele final da década de 1950 e inícios da de 1960, um período marcado por tantas dificuldades e incompreensões, Panikkar e Abhishiktānanda partilharam uma grande amizade e, sobretudo, comunhão. Em carta de Panikkar ao amigo falecido, na Quaresma de 2005, expressa que o distanciar do tempo o fez perceber melhor o significado de sua "obstinada existência" em busca do apelo interior do *atman*.[26]

Um buscador permanente

Um dos traços que melhor define Raimon Panikkar é o de buscador permanente e apaixonado. Conjuga com sabedoria o amor à vida, a atenção ao cosmos e a abertura ao outro. Encaixa-se bem na definição que ele mesmo cunhou para o ser humano religioso: um buscador e peregrino que caminha com segu-

---

[25] PANIKKAR, *Il dialogo intrareligioso*, p. 76, 85-87 e 110.
[26] Id. Préface. In: DU BOULAY, *La grotte du cœur*..., p. 13.

rança por caminhos inexplorados. Alguém que está aberto e disponível para captar a novidade do cotidiano, em cada um de seus preciosos momentos, sem deixar de lado a herança que traz em sua bagagem. Traduz fielmente a vocação monástica que é a aspiração ao simples.[27] O mistério, para ele, está em toda parte, o que se requer é saber escutar o seu canto. Há que se deixar abandonar ao inesperado sopro da brisa, vencendo as barreiras impostas pela vontade. Há que viver, simplesmente, deixando fluir a vida em cada instante.[28]

O peregrino é alguém que se dispõe a "expor-se a novas paisagens", a perigos e incertezas. O mergulho no mundo do outro, na realidade distinta, é sempre arriscado. Panikkar fala em "salto mortal", pois envolve a totalidade da pessoa, com ameaças precisas para a sua autocompreensão. Esse caminhar faz parte da dinâmica humana:

> [...] o senso da peregrinação parece responder a uma profunda necessidade que o ser humano sente de ir além dos limites da experiência ordinária e entrar no misterioso reino do além; e os lugares de peregrinação parecem ter a força de um ímã biológico-espiritual geográfico que atrai os peregrinos para o campo de seu mistério doador de vida.[29]

A peregrinação verdadeira, como indica Panikkar, traduz o caminho para o núcleo da pessoa, para o seu centro. E só está preparado para realizá-la aquele que morreu para o seu "pequeno eu" e está sintonizado com o tempo e aberto para a união com o Si universal.[30] Em sua presença na Índia, Panikkar realizou duas importantes peregrinações espirituais: às fontes do Ganges e ao monte Kailasa. Retoma, assim, o movimento que o povo indiano faz, a cada ano, aos seus lugares sagrados. Trata-se do deslocamento de retorno às fontes, de onde proveem todas as águas, capazes de restaurar as forças e a dinâmica vital. A peregrinação às fontes do Ganges ocorreu em junho de 1964 e Panikkar esteve acompanhado por Henri le Saux. Essa experiência inspirou um dos

---

[27] Ver, a respeito, o belo livro de R. PANIKKAR *Éloge du simple. Le moine comme archétype universel* (Paris: Albin Michel, 1995).

[28] PANIKKAR; CARRARA, *Pellegrinaggio al Kailâsa*, p. 61.

[29] DUQUOC, C.; ELIZONDO, V. Peregrinação: ritual permanente da humanidade. *Concilium* (Br) 266 (1996) 8.

[30] PANIKKAR; CARRARA, *Pellegrinaggio al Kailâsa*, p. 61.

livros do místico catalão – *Uma missa nas fontes do Ganges* –, cuja primeira edição ocorreu em 1967.[31] A outra peregrinação ocorreu décadas depois, em setembro de 1994, no monte Kailasa, considerado como o "templo do Absoluto", e venerado pela maior parte das religiões do sul da Ásia. A narrativa dessa peregrinação está registrada em outro livro de Panikkar, *Peregrinação ao Kailasa*.[32] Sua companheira de viagem, Milena Carrara, pergunta ao mestre, a certa altura, qual a razão de considerarem alguns lugares mais sagrados, já que Deus encontra-se em toda parte. E relata sua explicação:

> Ele me explica que Deus manifesta-se mais vivamente naqueles lugares que foram carregados pela espiritualidade das grandes almas que ali viveram a sua união com Deus; estes ascetas puderam perceber em seu tempo a atração por aqueles lugares, em geral distantes, solitários, desertos, onde a sua sensibilidade soube colher vibrações particulares ou simplesmente onde o silêncio é mais absoluto, *dumia*, de que fala Elias na Bíblia.[33]

A intuição cosmoteândrica e a percepção do *advaita*

Em relato sobre a sua biografia, Panikkar assinala que nunca viveu uma experiência semelhante à de Paulo na estrada de Damasco, que assinalaria um ponto preciso de conversão. Sua vida desenvolveu-se de forma intensa e crescente. Há, porém, um momento em que se dá conta de uma intuição cosmoteândrica, relacionada à sua experiência da Trindade. Percebe com clareza que toda a realidade é uma cristofania e que a Trindade constitui a resposta verdadeira de sua busca. Ao falar de intuição cosmoteândrica, recorre ao teandrismo da tradição ortodoxa, acrescentando toda a sua reflexão original sobre o cosmos, tão negligenciado nas espiritualidades cristãs. Na visão de Panikkar, os três elementos que compõem a visão cosmoteândrica ou teoantropocósmica – Deus, Homem e Matéria – traduzem três "dimensões constitutivas da realidade". Não há como escapar da presença envolvente de

---

[31] LE SAUX, H.; BAUMER, O.; PANIKKAR, R. *Alle sorgenti del Gange. Pellegrinággio spirituale*. Milano: Cens, 1994.

[32] PANIKKAR; CARRARA, *Pellegrinaggio al Kailâsa*.

[33] Ibid., p. 84.

Deus ou do divino. Ele está em todo lugar. Isso não significa, porém, assumir um panteísmo. O que ocorre é uma identificação tópica, mas o mistério transborda infinitamente tudo o que se pode pensar, ver ou imaginar.

> Cosmoteândrica será, pois, esta visão, esta experiência, de que somos uma parte da Trindade, e que há três dimensões do real: uma dimensão de infinito e de liberdade, que chamamos divina; uma dimensão de consciência, que chamamos humana; e uma dimensão corporal ou material, que chamamos cosmos. Todos participamos desta aventura da realidade.[34]

Essas três dimensões do real estão em profunda interpenetração, expressão que traduz para hoje a ideia clássica de *perichôrêsis* ou *circumincessio*. Trata-se de uma interpenetração recíproca que não coloca em causa nenhuma das particularidades das dimensões em questão. O que vigora é a ideia de relação. Na linha dessa perspectiva indivisa da realidade, Deus não pode ser captado como puramente transcendente ou exclusivamente imanente. Ele é simultaneamente transcendente e imanente, é "relacionalidade pura".[35] A experiência de Deus acontece no dinamismo vivo que entrelaça o humano com toda a realidade:

> A *experiência de Deus* é a raiz de toda experiência. É a experiência em profundidade de todas e cada uma das experiências humanas: do amigo, da palavra, da conversa. É a experiência subjacente a toda experiência humana: dor, beleza, prazer, bondade, angústia, frio... subjacente a toda experiência no tanto que nos descobre uma dimensão de infinito, não finito, *in*-acabado.[36]

Para acessar a imagem mais profunda da Trindade, Panikkar recorre a uma intuição hindu, que supera as tentações da unidade ou dualidade.

---

[34] PANIKKAR, *Entre Dieu et le cosmos*, p. 135.

[35] Para Panikkar, a Trindade expressa uma "concepção propriamente revolucionária, na medida em que se cessa de considerar Deus como uma substância. Deus é relacionalidade pura, ou melhor, ele é uma das dimensões da relacionalidade de todo o real. É nisto que consiste, precisamente, a visão cosmoteândrica" – PANIKKAR, *Entre Dieu et le cosmos*, p. 122.

[36] Id. *Ícones do mistério. A experiência de Deus*. São Paulo: Paulinas, 2007. p. 77.

Trata-se da perspectiva *advaita*, da a-dualidade, que indica a ausência de dualidade na estrutura própria da realidade.[37] Na linha dessa reflexão, "a divindade não está individualmente separada do resto da realidade, nem é totalmente idêntica a ela".[38] A intuição *advaita* traduz o Mistério que preside a relação cosmoteândrica. Um mistério que não pode ser reduzido nem ao "um" ou ao "dois". É, antes, "a-dual", possibilitando a dinâmica viva do pluralismo. Os cristãos acessam esse Mistério através de Jesus Cristo, mas outras vias possibilitam igualmente sua acolhida.[39]

A perspectiva *advaita* envolve também uma singular espiritualidade. A divindade deixa de ser percebida como um objeto, ou como um Outro, porque não há mais sujeito a fazer uma tal experiência. Para o *advaitin*, a divindade não é "algo" que se percebe em si ou fora de si, mas "uma luz na qual o Real é iluminado e descoberto". A contemplação emerge como "a visão da Realidade total na qual o ego (eu psicológico) enquanto tal não tem mais nenhum lugar; é a experiência do Absoluto na sua simplicidade e na sua complexidade, alegria perfeita alcançada na *en-stasi* da união".[40]

O caminho do diálogo dialogal

As religiões são também provocadas para viverem uma "interpenetração recíproca". É um dos temas mais presentes na reflexão de Raimon Pa-

---

[37] Id. *Il dharma dell'induismo*. Milano: BUR, 2006. p. 171-173.

[38] Id., *Ícones do mistério...*, p. 110. O que predomina é a "inter-relação mútua entre imanência e transcendência [...]. A divindade é, precisamente, esta imanência e transcendência inserida no coração de cada ser" – Ibid., p. 72-73.

[39] Id., *Cristo sconosciuto dell'induismo*, p. 54-55.

[40] Id. *Trinità ed esperienza religiosa dell'uomo*. Assisi: Cittadella Editrice, 1989. p. 70. É interessante constatar a sintonia dessa reflexão de Panikkar com a tradição místico-especulativa alemã, em particular com as reflexões de Margherite Porete, Mestre Eckhart e Angelus Silesius. Para esses místicos da tradição cristã, Deus não pode ser pensado como objeto, daí a dificuldade de falar em "alteridade", pois nesse caso cai-se na determinação, e Deus não pode ser determinado, pois é infinito. Deus é visto como "propriamente nada" e para que a alma humana dele se aproxime é necessário que "perca seu próprio nome", que desapareça enquanto determinada e desapegue-se radicalmente a ponto de transformar-se naquilo que ama. Ver, a respeito, as reflexões de Marco Vannini em M. PORETE, *Lo specchio delle anime semplice* (Cinisello Balsamo: San Paolo, 1994. p. 208, n. 104), e A. SILESIUS, *Il pellegrino cherubico* (Cinisello Balsamo: San Paolo, 1989. p. 36).

nikkar. Trata-se do desafio de uma nova relação entre as diversas tradições religiosas, para além do exclusivismo, inclusivismo e paralelismo. O caminho revela-se na abertura para uma nova dinâmica relacional, que resguarde a particularidade de cada uma das tradições envolvidas. Não é um trajeto simples, mas importante e inevitável, doloroso, mas purificador. Para que se realize com vigor, requer uma mudança de compreensão e de atitude. Esse processo não é pontual, mas contínuo e progressivo, e envolve abertura e paciência. É um caminho que está sempre se fazendo. O objetivo proposto "não é chegar à completa unanimidade, ou misturar todas as religiões, mas, sobretudo, comunicação, simpatia, amor, complementaridade polar".[41]

Em momentos diversificados, Panikkar utilizou a expressão "ecumenismo ecumênico" para traduzir esse desafio dialogal. Para além do ecumenismo tradicional, voltado para a unidade dos cristãos, aponta-se agora para um ecumenismo mais amplo, que estende a dinâmica de abertura para toda a família humana. A sua perspectiva é definida com clareza: "O objetivo é uma melhor compreensão, uma crítica corretiva e, possivelmente, uma mútua fecundação entre as tradições religiosas do mundo, sem mitigar suas respectivas heranças ou comprometer sua possível harmonia ou as eventuais diferenças irredutíveis".[42]

Esse trabalho ecumênico, em sentido largo, é inesgotável e revelador de possibilidades inusitadas. Requer também muita humildade, pois deve estar animado pela consciência da contingência e do limite. Nenhuma religião é capaz de exaurir o campo da experiência humana e das manifestações do sagrado. A realidade plural está sempre aí a desafiar a compreensão humana. Há que combater incessantemente a sedução da autossuficiência e da *hybris* totalitária, que constituem impedimentos precisos para a abertura ao pluralismo de princípio. Esse "ecumenismo crítico exige magnanimidade, serenidade, humildade e também supõe uma certa consciência mística do caráter inefável da realidade".[43]

---

[41] PANIKKAR, R. *L'incontro indispensabile*: dialogo delle religioni. Milano: Jaca Book, 2001. p. 71.

[42] Id., *La nuova innocenza 3*, p. 60.

[43] Id. Religion (Dialogo intrareligioso), p. 1.153. Panikkar insiste muito nessa dimensão contemplativa do verdadeiro ecumenismo. E adverte: "Quanto mais estamos convencidos de nossas opiniões, tanto mais seremos 'vencidos' pelo mistério que nos ultrapassa" – Id., *La nuova innocenza 3*, p. 64.

É verdade que os cristãos estão empenhados na busca da unidade, mas torna-se cada vez mais claro nesse tempo de pluralismo religioso que a unidade está sempre em processo, traduzindo um esforço comum de adentrar-se no Mistério sempre maior. Mesmo estando convictos do conteúdo fundamental de sua fé, os cristãos

> não podem conhecer quais serão os ulteriores desenvolvimentos de sua Igreja; eles não têm acesso aos planos da Providência Divina; não devem, portanto, agarrar-se a um esquema fixo ou a uma fé congelada. Novos dogmas, formulações renovadas, evoluções reais e progressos são características constantes do Cristianismo, como de todas as religiões. Ninguém sabe como o Cristianismo aparecerá quando as águas da fé unirem-se às de outras religiões para formar um rio mais caudaloso, onde os povos do futuro saciarão sua sede de verdade, bondade e salvação.[44]

A perspectiva de um ecumenismo mais ecumênico aflui para um caminho de "diálogo dialogal", como gosta de expressar Panikkar. Trata-se de um diálogo mais existencial, sem a intenção de convencer ninguém, mas, sobretudo, compreender o outro e deixar-se enriquecer por ele. É diferente do "diálogo dialético", que expressa mais uma arena ou disputa intelectual que aponta razões e equívocos dos interlocutores.[45] O diálogo dialogal ou dialógico é, sobretudo, um "ato religioso" movido por amor. Não pode ter outra motivação senão a partilha de dons e a mútua fecundação. Ele tem o "seu próprio valor", sendo autofinalizado.

Nem todos conseguem exercitar esse dom dialogal, sobretudo neste tempo de pluralismo moderno, onde os conhecimentos autoevidentes perdem sua plausibilidade. Peter Berger nomeia-os como "virtuosos do pluralismo", pois lidam melhor com esta perspectiva dialogal, ao contrário de tantos ou-

---

[44] Id., *Il Cristo sconosciuto dell'induismo*, p. 93. Em semelhante linha de reflexão, o teólogo dominicano Christian Duquoc assinala que a "obsessão pela unidade" pode abafar o caráter enigmático que preside a assimetria das religiões. Prefere trabalhar com a metáfora da "sinfonia sempre adiada". As religiões são representadas como "lugares de múltiplas composições, cuja unidade nos escapa" – DUQUOC, C. *O único Cristo. A sinfonia adiada*. São Paulo: Paulinas, 2008. p. 166.

[45] PANIKKAR, *Entre Dieu et le cosmos*, p. 149.

tros que vivem a insegurança de participar de um "mundo confuso e cheio de possibilidades de interpretação".[46] Para entrar nesse caminho, requer-se liberdade interior, bem como a gratuidade de viver uma experiência de partilha e busca de uma verdade que ultrapassa a consciência possível dos próprios interlocutores. Como indica Panikkar, o diálogo verdadeiro é "um ato essencialmente religioso", envolvendo a experiência da contingência, da confiança mútua e da busca comum de um Mistério que a todos transborda.[47] Há uma dimensão experiencial e mística do diálogo que nem sempre é levada em consideração, mas que é muito importante:

> O encontro das religiões tem uma indispensável dimensão experiencial e mística. Sem uma certa experiência que transcende o reino mental, sem um certo elemento místico na própria vida, não se pode esperar superar o particularismo da própria religiosidade, menos ainda ampliá-la e aprofundá-la, ao ser defrontado com uma experiência humana diferente.[48]

O diálogo inter-religioso pressupõe o diálogo intrarreligioso. É outra das teses defendidas por Panikkar. Esse diálogo intra ocorre no interior mesmo das confissões religiosas. Trata-se da tomada de consciência da própria contingência, relatividade e vulnerabilidade. É o essencial "colocar-se em questão", o que é tão bem acentuado por Agostinho: *Quaestio mihi factus sum* ("Fiz de mim mesmo um problema").[49] O diálogo autêntico requer esse permanente espírito de autocrítica: "Se não descubro em mim mesmo o cético, o incrédulo, o muçulmano e tantas outras realidades, sinto-me incapaz de entrar em diálogo com os outros".[50] Como mostrou com acerto Adolphe

---

[46] BERGER, P. L.; LUCKMANN, T. *Modernidade, pluralismo e crise de sentido*. Petrópolis: Vozes, 2004. p. 54.
[47] PANIKKAR, *Entre Dieu et le cosmos*, p. 74, 150 e 172.
[48] Id., *La nuova innocenza 3*, p. 156.
[49] Id., *Il dialogo intrareligioso*, p. 114-115.
[50] Id., *Entre Dieu et le cosmos*, p. 161. Algo semelhante disse Thomas Merton: "Se eu me afirmo como católico simplesmente negando tudo que é muçulmano, judeu, protestante, hindu, budista etc., no fim descobrirei que, em mim, não resta muita coisa com que me possa afirmar como católico: e certamente nenhum sopro do Espírito com o qual possa afirmá-lo" –MERTON, T. *Reflexões de um espectador culpado*. Petrópolis: Vozes, 1970. p. 166.

Gesché, a fé cristã tem necessidade de uma "ausência cristã", tanto diante dela como em seu próprio interior. A interface do outro ou um "lugar fora de sua residência" torna-se fundamental para a construção da própria identidade. O grande risco é manter a tradição encerrada em si mesma, sem interlocução criadora.

> É evidente que é preciso ao cristianismo o *sensus fidelium*, o sentido da fé que os crentes têm, mas é preciso, igualmente, aquilo que chamaria de *sensus infidelium*, o sentido que os não crentes têm das coisas deste mundo (e mesmo das coisas da fé, pelo espírito crítico que possuem), essa *pars paganorum*, essa parte de paganidade ao lado da *pars nostra*, essa parte exterior, essa "impureza" – no sentido estabelecido anteriormente –, essa impureza da sabedoria que vem em socorro da pureza de seu profetismo, para que este não se torne paroxístico, destruidor, alucinatório.[51]

O diálogo é sempre uma "aventura arriscada", mas revela-se uma exigência essencial no tempo atual, condição imprescindível para a paz entre as nações. Como sustenta Panikkar, ele é um fato importante, inevitável e urgente, mas também desconcertante e perigoso, pois coloca em questão o fundamento mesmo das próprias convicções. O risco maior é o de perder-se ou afogar-se, "pois, literalmente, nesse encontro tocamos o fundo". Mas há que se jogar na água e nadar, ainda que as pernas estremeçam e o coração vacile. Desse encontro todos saem purificados, pois ele possibilita compreender a inexaurível profundidade do ser humano e deparar-se com o misterioso enigma que pontua o mundo das diferenças.[52]

A cristofania

Em diversos momentos de sua reflexão, Panikkar indicou que o indispensável encontro entre as tradições religiosas envolve uma transformação na autocompreensão das religiões. Ele busca responder a tal desafio com

---

[51] GESCHÉ, A. *O sentido*. São Paulo: Paulinas, 2005. p. 136 (também p. 135).
[52] PANIKKAR, *La nuova innocenza 3*, p. 100-103. *L'incontro indispensabile*: dialogo delle religioni, p. 30 e 61.

propostas audaciosas no campo da hermenêutica cristã para o terceiro milênio. Dentre as pistas por ele abertas, insere-se a original reflexão sobre a cristofania. Argumenta que a cristologia vigente nos últimos vinte séculos é marcadamente ocidental, nascida da fé cristã em diálogo com o Judaísmo, com o mundo greco-romano e, posteriormente, com a tradição germânica e a cultura islâmica. Sua proposta é no sentido de uma maior universalização dessa perspectiva:

> Depois de estar historicamente ancorado por quase dois milênios nas tradições monoteístas originadas de Abraão, o Cristianismo, caso pretenda ser católico, deve meditar profundamente sobre a *kénosis* de Cristo e ter a coragem, como no primeiro Concílio de Jerusalém, de desvincular-se da tradição hebraica (cujo símbolo era a circuncisão) e das tradições romanas (cujo símbolo é a cultura ocidental) sem com elas romper, deixando-se fecundar pelas outras tradições da humanidade.[53]

Segundo Panikkar, a experiência de Cristo feita pelos cristãos não esgota a riqueza mesma da realidade do Cristo, que na verdade é um "símbolo – que os cristãos designam com esse nome – do Mistério sempre transcendente, mas também sempre humanamente imanente".[54] A publicação da tese doutoral de Panikkar, em 1964, sobre *O Cristo desconhecido do hinduísmo*, suscitou mal-entendidos, facultando uma interpretação limitada e inclusivista de seu pensamento. Em edição posterior, o autor esclareceu que, em verdade, o Cristo desconhecido do Hinduísmo era também desconhecido do Cristianismo histórico.[55] Na linha dessa reflexão, Panikkar busca acentuar a realidade de Cristo como um Mistério que envolve as duas tradições religiosas. Enquanto alguns autores utilizam expressões como "Cristo cósmico" ou "Cristo total", Panikkar prefere falar em "Cristo cosmoteândrico", ou

---

[53] Id., *Il Cristo sconosciuto dell'induismo*, p. 19 (em consideração feita por Panikkar no início da nova edição italiana, em 2007). Para Panikkar, esse é o grande desafio teológico do terceiro milênio, ou seja, "levar em consideração as culturas dos dois terços do mundo que não pertencem ao filão cultural greco-semítico e não veem a realidade sob a mesma luz". Trata-se de levar a sério a *kénosis* de Cristo, o que não significa romper com as precedentes interpretações, mas abrir-se para uma nova consciência do Mistério sempre maior (de Cristo) – Ibid., p. 73.

[54] Id., *Il dialogo intrareligioso*, p. 112.

[55] Id. *Cristofania*. Bologna: EDB, 1994. p. 26.

simplesmente Cristo. Para ele, Cristo é o "símbolo de toda a realidade", e nele encontram-se contidos todos os "tesouros da divindade", os "mistérios do homem" e a "densidade do universo".[56]

A cristofania envolve, assim, uma abertura à realidade mais ampla do Espírito, o que implica uma abertura genuína ao diálogo com outras religiões. A confissão cristã que indica que "Jesus é o Cristo" é pertinente e legítima. De fato, é através de Jesus que os cristãos podem encontrar o Cristo. É uma confissão que reflete uma "afirmação existencial", mas que não pode ser entendida em sentido objetivante e universal. Na verdade, como mostra Panikkar, "Jesus é o Cristo, mas o Cristo não pode ser completamente identificado com Jesus".[57] Isso significa que os cristãos não têm o monopólio do Cristo, que permanece, também para eles, como Mistério que sempre advém. Um Mistério que se manifesta igualmente, sob outras formas, em todas as religiões autênticas.[58]

A mística como experiência da vida

Um dos desafios essenciais do tempo atual é responder a um apelo que brota de todas as partes e que se relaciona com a sede radical pela transformação do significado mesmo da vida. Em seus últimos trabalhos, Panikkar dedicou-se de forma intensiva a essa reflexão, dando um espaço significativo ao tema da mística e da espiritualidade. Identificou na "mística cosmoteândrica", que envolve Deus, Homem e Mundo, o *novum* do terceiro milênio.[59] Na visão de Panikkar, a experiência mística envolve toda a realidade, mantendo-se aberta a todos os problemas humanos. É, por excelência, a "experiência do *totum*", a "experiência integral da realidade". Ele faz opção pela expressão "realidade" por considerá-la menos problemática e mais neutra, com uma mais decisiva densidade ecumênica. A mística faculta, assim, um

---

[56] Id. *La plenitude de l'homme*. Arles: Actes Sud, 2007. p. 197.

[57] Id., *Cristofania*, p. 17 (ver também p. 16). *Il Cristo sconosciuto dell'induismo*, p. 94 e 201.

[58] Id., *La nuova innocenza 3*, p. 139 e 142. Assinala Panikkar: "Embora os cristãos não possam chamar Cristo com outros nomes, permanecem aspectos ou dimensões ainda desconhecidos aos cristãos, que não estão incluídos no nome de Cristo, embora a ele relacionados" – Ibid., p. 141.

[59] Id. *Mistica pienezza di vita*. Milano: Jaca Book, 2008. p. 12 (Mistica e spiritualità, t. 1: *Opera Omnia*).

"acesso à completa realidade (chame-a Deus, o Tudo, o Nada, o Ser, ou outra coisa) que se nos apresenta na sua plenitude [...]".[60]

Panikkar sublinha que, infelizmente, o tempo contemporâneo perdeu esse senso místico da existência, fixando-se na "epidemia reinante da superficialidade". Urge recuperá-lo, para que se faculte a essencial harmonização das energias humanas em torno de valores como o Bem, a Beleza e a Verdade. A mística não implica uma fuga do mundo, ou desprezo das realidades terrestres, mas um mergulho ainda mais fundo nas entranhas do real e na tessitura do tempo. Trata-se de uma experiência pessoal, mas não individualista, cujas repercussões são vivas, propagando-se como ondas que se espalham sem cessar por todo canto. Enquanto a mística é a "experiência suprema da realidade", a espiritualidade é o "caminho para se atingir tal experiência".[61]

A espiritualidade é como uma "carta de navegação" no mar da vida do homem: a soma dos princípios que dirigem o seu dinamismo para "Deus", dizem alguns; para uma sociedade mais justa ou para a superação do sofrimento, dizem outros. Podemos, pois, falar de espiritualidade budista, embora os budistas não falem de Deus; e também de uma espiritualidade marxista, ainda que sejam eles alérgicos à linguagem religiosa. Em seu conceito amplo, a palavra espiritualidade expressa sobretudo uma qualidade de vida, de ação, de pensamento etc., não ligada a uma doutrina, confissão ou religião determinadas, ainda que seus pressupostos sejam facilmente reconhecíveis.[62]

O verdadeiro contemplativo, como mostra Panikkar, é alguém marcado por intensa liberdade e pureza de coração. Está voltado atentamente para o tempo, vivendo, simplesmente, inserido na "tempiternidade", ou seja, na eternidade que se capta em cada momento temporal da existência.[63] Sua

---

[60] Id., *L'esperienza della vita. La mistica*, p. 59.
[61] Id. *Vita e parola. La mia opera*. Milano: Jaca Book, 2010. p. 21.
[62] Ibid., p. 24.
[63] Como assinala Panikkar, "não é fugindo do tempo – uma vez admitido que isso seria possível – que o contemplativo descobre a dimensão tempiterna. Mas integrando-o completamente na dimensão vertical que constantemente entrecorta a linha horizontal do tempo. A tempiternidade não é a ausência, mas a plenitude do tempo, e esta plenitude não é, certamente, só o futuro" –: PANIKKAR, *Mistica pienezza di vita*, p. 57.

linguagem tem afinidade com a linguagem poética, sendo capaz de favorecer um olhar distinto sobre o real, captando o que escapa ao olhar superficial. Ele traz consigo uma fragrância contagiante, que traduz "o respiro mesmo da vida". E todo o ser é envolvido: "Se o teu olho é simples, todo o teu corpo será luminoso".

Panikkar foi um dos grandes precursores do diálogo inter-religioso entre os autores cristãos. Talvez a contribuição mais decisiva que deixou como legado foi de afrouxar os nós do etnocentrismo cristão e favorecer uma nova atitude para com as outras tradições religiosas: de abertura, hospitalidade e acolhida. Mostrou com vitalidade e vigor que o verdadeiro diálogo requer dos interlocutores um profundo respeito e cuidado com o enigma do outro. No diálogo caminha-se sobre um "solo sagrado", e os interlocutores devem estar desarmados para viver a dinâmica de reciprocidade de dons que esse encontro revela e traduz. Foi um grande "virtuoso do pluralismo religioso", um assíduo defensor da diversidade irredutível e irrevogável que marca o mundo das religiões. Pontuou igualmente a centralidade da dimensão espiritual para o exercício dialogal, enfatizando a importância da humildade, do despojamento e da pureza de coração para a afirmação de uma nova disponibilidade de encontro autêntico com o diferente.

4
Louis Massignon: a hospitalidade dialogal

Louis Massignon (1883-1962) foi um grande buscador no campo do diálogo inter-religioso, com sua particular vocação de abertura ao Islã. É reconhecido como um dos singulares conhecedores do Islã e dos árabes, sendo responsável pela renovação dos estudos de mística muçulmana e também pela mudança da perspectiva missiológica católica com respeito ao mundo muçulmano. Na visão de Henri Teissier, ele representou para a Igreja Católica o papel de "precursor incontestável, artesão incansável e testemunho extraordinário do empenho evangélico em favor da solidariedade espiritual com o Islã e mais em geral com todos aqueles que buscam o absoluto no nosso tempo".[1] Um traço original de sua vida foi a capacidade de conjugar pesquisa e vida, empenho acadêmico e desvelo espiritual. Trata-se de alguém marcado por grande sensibilidade e entranhas de compaixão. Ao testemunhar sobre o amigo Massignon, depois de sua morte, Jacques Maritain sublinhou como traço de sua herança a unidade radical entre a ciência mais erudita, a "devoradora sede mística de justiça e de absoluto", e a "fé extraordinariamente reta e pura".[2]

O caminho da conversão

Louis Massignon nasce no dia 25 de julho de 1883, na cidade de Nogent-sur-Marne (França), sendo filho de um conhecido escultor agnóstico e

---

[1] TEISSIER, H. Prefazione. Louis Massignon un precursore, un artigiano e un testimone del dialogo inter-religioso. In: KERYELL, J. *Il giardino di Dio. Con Louis Massignon incontro all'islam.* Bologna: EMI, 1997. p. 10.

[2] Apud KERYELL, *Il giardino di Dio...*, p. 25.

de uma mãe católica praticante. Recebe sua educação religiosa em Paris, mas num ambiente marcado pela laicidade. O interesse pelo Oriente nasce por ocasião de seus estudos secundários nos liceus Montaigne e Louis-le--Grand, quando, então, faz contato com Henri Masperò e a biblioteca de seu pai, o conhecido egiptólogo Gaston Masperò. As primeiras angústias metafísicas o acompanham desde esse período. Traços significativos da personalidade de Massignon são revelados em sua correspondência com o amigo Henri Masperò. Nas primeiras cartas, datadas de 1901, já se capta a sua "insaciável curiosidade de espírito".[3] Termina o bacharelado em 1900 e inscreve-se na universidade, onde faz seus estudos de letras e história. Sua primeira viagem a terras muçulmanas (Argélia) acontece em 1901, quando tinha 17 anos. A escolha do tema de seus estudos na universidade[4] cria as condições para outras viagens aos países muçulmanos. Durante o período em que faz o serviço militar, nos anos 1902 e 1903, em Rouen, perde a fé cristã de sua infância. Em 1906, diploma-se em árabe na Escola de Línguas Orientais, sendo igualmente nomeado no mesmo ano membro do Instituto Francês de Arqueologia Oriental no Cairo, o que favoreceu sua dedicação em tempo integral ao estudo da arte e da civilização árabe.[5] Durante uma missão arqueológica na Mesopotâmia, nos anos 1907-1908, é aprisionado no rio Tigre pela polícia turca e acusado de espião. A experiência suscita uma forte crise religiosa, que culminou em tentativa de suicídio, em 3 de maio de 1908. Foram feitas na ocasião inúmeras especulações sobre sua saúde.[6] É no contexto dessa dolorosa experiência que se dá o processo de conversão

---

[3] BASETTI SANI, G. *Louis Massignon*. Firenze: Alinea, 1985. p. 59.

[4] O tema escolhido foi "Tableau géografique du Maroc d'après Léon l'Africain". Apresenta o seu trabalho no ano de 1904, sendo ele publicado em 1906 na Argélia. O seu trabalho chega ao conhecimento de Charles de Foucauld, em seu eremitério de Beni Abbès, na Argélia, abrindo espaço para uma amizade que o acompanhará em toda vida.

[5] Antes dos estudos de árabe, Massignon dedicou-se ao estudo do sânscrito sob a orientação de Silvan Levi (1863-1935), reconhecido indianista francês.

[6] Falou-se em turbamento de consciência, crise de demência, crise aguda de malária e congestão cerebral. Cf. KERYELL, *Il giardino di Dio...*, p. 89, 93, 100-101. MASSIGNON, D. *Le voyage en Mésopotamie et la conversion de Louis Massignon en 1908*. Paris: Cerf, 2001. p. 10, 28-30, 53ss.

de Massignon, identificada pelo evento da "visita do Estrangeiro".[7] Sobre esse episódio, Massignon guardou segredo por muito tempo, só revelando o seu significado em texto publicado sete anos antes de sua morte: "Ele acendeu um fogo no meu coração onde a faca havia falhado, cicatrizando o meu desespero que Ele havia lacerado, como a fosforescência de um peixe ressurgido do fundo das águas abissais".[8] Esse evento transfigura o universo para Massignon, proporcionando-lhe novo alento vital. Para a retomada de sua fé, foi de fundamental importância a hospitalidade que encontrou junto a alguns amigos muçulmanos.[9] Em carta de 1938, assinala o lugar que teve o Islã em sua conversão:

> É bem verdade que sou crente, profundamente cristão, católico. E não é menos verdade que, se retornei à minha crença, há trinta anos, depois de cinco anos de incredulidade, deve-se aos amigos muçulmanos de Bagdá, os Alussy [...]. É em árabe que falaram de mim a Deus, suplicando-lhe, e de Deus a mim; é em árabe que pensei e vivi minha conversão, em maio-junho de 1908 [...]. Daí o meu profundo reconhecimento ao Islã, do qual dou testemunho em todos os meus trabalhos científicos.[10]

Quem acompanhou bem de perto todo esse processo de conversão de Massignon foi o amigo Paul Claudel (1868-1955). São inúmeras as cartas que, nesse período, traduzem a grande amizade espiritual que se firmou entre os dois companheiros. Paul Claudel foi não só o confidente próximo como também o grande interlocutor de Massignon após o evento de sua conversão.

---

[7] Para o tema da "visita do estrangeiro", cf.: MASSIGNON, L. *Parole donne*. Paris: Seuil, 1983. p. 283. *Mystique en dialogue*, Paris: Albin Michel, 1992. p. 6-8 (Question de, nombre 90.). *L'hospitalité sacrée*. Paris: Nouvelle Cité, 1987. p. 40-45. MASSIGNON, *Le voyage en Mésopotamie et la conversion de Louis Massignon em 1908*, p. 58-59. Para os desdobramentos de todo o processo que resultou em sua conversão, ver também: DESTREMEAU, Christian; MONCELON, Jean. *Massignon*. Paris: Plon, 1994.

[8] MASSIGNON, *L'hospitalité sacrée*, p. 40.

[9] Massignon encontrou acolhida entre os *Alussi*, que responderam a seu favor junto às autoridades turcas que o haviam condenado como espião. Na intercessão em favor de Massignon, assinalam que ele é membro da família, um hóspede sagrado, que não pode ser eliminado. Assim, ele foi salvo, em 1908, por ser hóspede, e isso marcou Massignon pelo resto de sua vida. Ver, a respeito: BASETTI SANI, *Louis Massignon*, p. 241.

[10] MASSIGNON, *L'hospitalité sacrée*, p. 204 (carta a A. M. Noureddin Beyum – 26 de fevereiro de 1938).

Em carta dirigida a Claudel em fevereiro de 1911, Massignon assinala a presença dos árabes em sua conversão e a importância de sua experiência na Mesopotâmia, em 1908, quando, então, cauteriza-se o seu agnosticismo. Reconhece que é ali na Mesopotâmia que acontecem as mais ricas ocasiões para o decisivo aprendizado de que é no sacrifício integral que se amplia a potencialidade do amor.[11]

É significativo perceber como foi mediante a hospitalidade islâmica que Massignon descobriu o sentido do sagrado. Em singular passagem de seu diário, Paul Claudel relata com cores vivas o processo de conversão de Massignon, que a ele foi relatado pelo amigo em confidência e segredo. Ao final de um longo e doloroso caminho, que esbarrou na sedução do suicídio, Massignon foi tocado por teofanias singulares: a visita do estrangeiro e o encontro com o Deus de Abraão, a revelação da verdade (*haqq*) no bater das asas das pombas no hospital muçulmano de Bagdá, e a profunda sensação da presença de Deus como o Pai que acolhe o filho pródigo.[12]

O estudioso Guy Harpigny assinala a presença de três ciclos no itinerário de vida de Louis Massignon: o ciclo de Hallaj, o ciclo de Abraão e o ciclo de Gandhi.[13] O primeiro ciclo conclui-se com a realização da grande pesquisa de Massignon sobre o místico persa muçulmano al-Hallaj (858-922),[14] que resultou em sua tese doutoral, defendida em 1922. O segundo ciclo envolve as novas pesquisas de Massignon que avançam até sua ordenação sacerdotal, em 1950. O terceiro ciclo acompanha o período final da vida de Massignon, marcado por seu engajamento temporal e sua compaixão universal.

---

[11] Apud KERYELL, *Il giardino di Dio...*, p. 57. Também: p. 70-71.

[12] Ibid., p. 99-104.

[13] HARPIGNY, G. *Islam et Christianisme selon Louis Massignon*. Louvain-la-Neuve, 1981. Ver também, a respeito: ROCALVE, P. *Louis Massignon et l'islam*. Damas: Institut Français de Damas, 1993. p. 15.

[14] Para maiores detalhes de sua vida, cf.: MASSIGNON, L. *Ciencia de la compasión*. Madrid: Trotta, 1999. p. 39-74 (Al-Hallâj místico del islam e Vida de Halâj). *Écrits mémorables*. Paris: Robert Lafont, 2009. t. I, p. 381-516 (Le témoin essentiel: Al Hallâj). SHIMMEL, A. *Le soufisme ou les dimensions mystiques de l'islam*. Paris: Cerf, 1996. p. 89-106. RUSPOLI, S. *Le message de Hallâj l'expatrié*. Paris: Cerf, 2005. p. 15-53.

O ciclo de Hallaj: um outro olhar sobre o Islã

Louis Massignon percebe no caminho do Oriente a possibilidade de retomada do coração. Não mais lhe satisfaz o deserto frio e estéril do racionalismo, mas a riqueza viva e emotiva do universo simbólico do Islã. O conhecimento do árabe favoreceu-lhe o acesso aos escritores, poetas, filósofos e, sobretudo, os místicos sufis (persas e árabes). Mediante a leitura do *Memorial dos Santos*, do grande místico persa Farid ud din Attar (séc. XII), toma conhecimento de outro grande nome do sufismo, Hussayn Mansur al--Hallaj, que se tornará seu grande objeto de reflexão e estudo. Assim que tomou conhecimento da obra de al-Hallaj, em 24 de março de 1907, no Cairo, Massignon decidiu dedicar seu doutorado em Letras ao estudo do grande mártir místico do Islã. Comunica sua decisão ao pai em abril do mesmo ano, em carta onde fala do encanto que lhe produzem a cor intensa e o andamento trágico do martírio de al-Hallaj.[15]

Sua tese foi concluída em 1914, mas em razão da guerra só pôde ser apresentada na Sorbonne em 24 de maio de 1922. Uma parte do manuscrito, consignado na tipografia de Louvain, foi destruída pelo fogo dos primeiros bombardeamentos da cidade, em 1914. A volumosa tese teve como título *La passion de Husayn Ibn Mansûr Hallaj: martyr mystique de l'islam exécuté à Bagdad le 26 mars 922*.[16]

Louis Massignon foi profundamente marcado pela experiência vital de al-Hallaj, uma das mais extraordinárias figuras da mística muçulmana. Tratava-se, a seu ver, de um grande "amante de Deus", que conseguiu alcançar

---

[15] KERYELL, *Il giardino di Dio*, p. 53. Relata também o papel central de al-Hallaj em sua vida, em carta à sua mulher – cf.: MASSIGNON. *L'hospitalité sacrée*, p. 60. Fala a ela da importância do místico não só para a afirmação de sua personalidade científica e posição universitária, mas também para sua acolhida do mistério de Deus.

[16] A tese foi publicada em dois volumes pela editora Geuthner, de Paris, em 1922. Uma nova edição foi posteriormente publicada em quatro volumes pela Gallimard de Paris, em 1975. Como tese complementar, ele apresentou o *Essai sur les origines du lexique technique de la mystique musulmane*, publicada inicialmente em Paris em 1922, pela editora Geuthner, e reeditada posteriormente em Paris por Editions du Cerf em 1999. Ainda sobre al-Hallaj, Massignon traduziu para o francês seu *Dîwân*, em 1936, posteriormente reeditado em 1938, 1955 e 1981. Outras conferências e artigos de Massignon foram publicados em sua *Opera minora*, uma coletânea de 207 artigos publicados em três volumes e editados por Youakin MOUBARAC (Beyrouth: Dar al-Maaref, 1963).

um excepcional nível de união com o divino. Em carta de 1949, Massignon relata a força dessa presença em sua vida: alguém que o ajudou a compreender a cruz e a rezar em árabe.[17] Seu objetivo maior era, mediante o léxico de al-Hallaj, alcançar o "coração do Islã",[18] deixando-se hospedar pela tradição mística do Islã. Na especificidade dos textos místicos, de sua linguagem peculiar, encontrava a chave de acesso ao Real e a experiência única de "comoção mesma do contato divino".[19] Como mostrou Roger Arnaldez, foi mediante a espiritualidade hallajiana que Massignon discerniu o lugar singular de abertura do Islã ao Cristianismo, e pela razão de essa mística favorecer um "sentido e verdade à unidade do monoteísmo abraâmico".[20] Por intermédio da mística de al-Hallaj Massignon descobre a sintonia que enlaça o Islã ao Cristianismo através da perspectiva maior do amor.

Em testemunho sobre a espiritualidade de Massignon, Roger Arnaldez sinaliza a íntima ligação da espiritualidade com a língua. Não há nada de acessório na utilização de uma língua na reflexão sobre a mística. No caso do árabe, trata-se de uma língua vista como essencial para o acesso ao Mistério Divino, e os muçulmanos o reconhecem profundamente. Também Massignon confidencia o valor dessa língua, mediante a qual acessou o mistério de Cristo.[21] Trata-se de uma das línguas mais sublimes, como bem sinalizou Marco Lucchesi:

> Uma das portas do sagrado. Fogo primordial. Tempo forte. Tempo mítico. Para Massignon, o árabe não sofre a anemia das línguas modernas. Sua estratégia é outra. Não se utiliza de períodos amplos e hierarquizados [...]. O árabe coagula e condensa, com a força do ferro e o brilho do cristal, a ideia que emerge do Sagrado [...]. E as letras são vassalos da revelação. Estrelas em órbitas de fogo, consoantes em chamas, altas e indecifráveis, que aos poucos se agregam umas às outras – formando sistemas estelares –, a seguir o rumo dos astros, do Oriente ao Ocidente.[22]

---

[17] MASSIGNON, *L'hospitalité sacrée*, p. 258.
[18] Id. *La passion de Husayn ibn Mansûr Hallâj*. Paris: Gallimard, 1975. t. III, p. 10.
[19] Id., *Ciencia de la compasión*, p. 78.
[20] ARNALDEZ, R. Sa spiritualità. In: MASSIGNON, *Mystique en dialogue*, p. 107.
[21] Ibid., p. 103-104.
[22] LUCCHESI, M. *Os olhos do deserto*. Rio de Janeiro: Record, 2000. p. 61.

Curiosa essa confidência de Massignon ao assinalar a presença de um místico muçulmano na abertura de horizontes para a compreensão do mistério cristão. Esse alargamento de horizontes é reconhecido por Jacques Maritain quando trata da importância da abertura inter-religiosa vivenciada por Massignon. Sinaliza o exemplo do estudo de al-Hallaj, realizado por Massignon, como prova da possibilidade de que sábios e eruditos de outras tradições religiosas possam ajudar a clarificar a própria tradição cristã.[23]

Movido pela sedução do martírio de al-Hallaj, Massignon interessou-se pelo tema dos sete santos dormentes de Éfeso. São mártires da fé, venerados por cristãos e muçulmanos, que encontraram o dom da ressurreição depois de terem sido murados vivos.[24] Segundo a cifra muçulmana,[25] eles permaneceram 309 dias em "sono sagrado nas mãos de Deus", até encontrarem a Ressurreição final. O número "309" ganha um simbolismo particular para Massignon, pois converge para a data do martírio de al-Hallaj, ocorrido no ano de 309 do calendário muçulmano. O culto dos sete dormentes encontra uma ressonância singular em muitos países, inserindo-se hoje na dinâmica da busca de uma ecumene abraâmica. Após 1954, no final de julho de cada ano, sob o impulso de Massignon, cristãos e muçulmanos encontram-se na Bretanha para orar em favor de uma "paz serena", selados pela fé na ressurreição em Deus.[26]

Em razão de sua comprovada competência no campo dos estudos islâmicos, Massignon encontrará um amplo espaço na carreira universitária e acadêmica. Em junho de 1919, é proposto como sucessor de A. Chatelier no *Collège de France*, na cadeira de sociologia e sociografia muçulmanas, permanecendo como docente de forma ininterrupta até o ano de 1954. Em 1933, é nomeado diretor dos estudos em ciências religiosas na *École Pratique des Hautes Études*, bem como presidente do Instituto de Estudos

---

[23] MARITAIN, J. *O camponês do Garona*. Lisboa: União Gráfica, 1967. p. 97.

[24] Ver a referência aos sete dormentes na Sura 18 do Corão, denominada Sura da Caverna (*Al-Kahf*). Para um aprofundamento do tema, cf.: MASSIGNON, L. *Écrits mémorables*. Paris: Robert Laffont, 2009. t. I, p. 290-335 (Les sept dormants d'Éphèse).

[25] Corão 18:25.

[26] MASSIGNON, *L'hospitalité sacrée*, p. 291-292 e 364-365. KERYELL, *Il giardino di Dio...*, p. 31-32. DREVET, C. (éd.). *Massignon et Gandhi. La contagion de la verité*. Paris: Cerf, 1967. p. 28.

Iranianos. Teve um papel importante na direção da *Revue du Monde Musulman*, com a produção de inúmeros artigos. Atuou igualmente no *Annuaire du Monde Musulman*, respondendo pelas edições de 1926, 1929 e 1954. Atuou, ainda, em prestigiosas instituições acadêmicas e científicas, tanto no mundo ocidental como do mundo árabe-muçulmano. Foram também inúmeros os convites para professor visitante nos Estados Unidos, Canadá, Egito e Irã.

O ciclo de Abraão: o desafio da hospitalidade

A visão dialogal de Massignon está toda ela fundada na importante noção de hospitalidade. Trata-se de uma palavra-chave na compreensão da personalidade de Massignon. A hospitalidade (*diyâfa*) é para ele um dever sagrado que deve estender-se a todos os domínios, incluindo o religioso e místico. Esse apelo da hospitalidade foi fruto de seu aprendizado com os árabes, que lhe ensinaram que o dever de hospitalidade é exercitado em nome de Deus; um apelo que se enraíza no projeto de Abraão, o grande precursor das tradições religiosas semíticas, que instaura a hospitalidade celebrada na acolhida do estrangeiro (Gn 18,1-16[27]). Com os muçulmanos Massignon conseguiu captar o mistério essencial de um Deus de hospitalidade.[28]

A reflexão em torno de Abraão será central na vida de Massignon, envolvendo o coração mesmo de sua aventura espiritual e informando a novidade de sua visão sobre o Islã. Essa presença ganha vitalidade em sua espiritualidade cotidiana, com as três orações de Abraão recitadas a cada *Angelus* após julho de 1920.[29] Será também fundamental no engajamento político de Massignon em favor da Palestina, na sequência dos acontecimentos de

---

[27] Esses "honrados hóspedes" de Abraão serão recordados também no livro do Corão (15:51 e 51:24).

[28] ARNALDEZ, Sa spiritualità, p. 102.

[29] Trata-se da tríplice oração patriarcal de Abraão, baseada na experiência da aparição de Iahweh no carvalho de Mambré, descrita no Livro do Gênesis 18,1-3. São as orações por Sodoma, Ismael e Isaac, trabalhadas e desenvolvidas por Massignon em sua preciosa obra *Les trois prières d'Abraham* (Paris: Cerf, 1997). (As duas primeiras orações tinham sido antes publicadas à parte, em 1930 e 1935; a última, dedicada a Isaac, não ganhou publicação independente).

1947: a retomada do apelo de Abraão em favor de Jerusalém como a cidade de eleição de todos os crentes.[30]

Em sua clássica reflexão sobre as três orações de Abraão, reunidas em obra de 1997, Massignon trata da legitimidade do Islã, entendido como uma religião "centrada na fé".[31] Esse tema foi particularmente desenvolvido na parte dedicada à hégira de Ismael, que traduz a reflexão mais articulada e ampla do livro. Esse autor fala do Islã como um "bloco espiritual autêntico e homogêneo", já que cimentado na "fé do verdadeiro Deus, que provém de Abraão".[32]

O apelo da hospitalidade em Massignon abre um espaço singular para a acolhida do outro em sua especificidade, enquanto "proprium", enquanto "alter" (e não "aliud"), enquanto alguém que é mistério impenetrável e irrepetível. Não é possível para ele captar o seu significado senão mediante o gesto da aproximação desarmada de preconceitos. Exige-se para tanto mais do que simples boa vontade, mas o gesto ousado de "penetrar através do *logos* no *mithos* do outro", hospedando-se no seu interior. Todo o trabalho de pesquisa e, sobretudo, o estilo de sua vida espiritual estará marcado por esse "método interiorista", que indica que uma tradição religiosa só pode ser verdadeiramente conhecida a partir de dentro: "Entrando na casa do Islã pela porta privilegiada da mística, conseguiu conhecer intimamente a religião dos filhos de Ismael; do alto da santidade, encarnada sobretudo por Hallaj, pôde estender o seu olhar, tornado agudo e penetrante pela própria experiência religiosa, para a imensa e contrastante terra do Islã, oferecendo dela um importante afresco em seus escritos".[33] A presença de al-Hallaj na vida de Massignon foi um fator decisivo para a sua percepção da importân-

---

[30] Em intervenção na Semana dos Intelectuais Católicos, em maio de 1949, em Paris ("La foi aux dimensions du monde"), Massignon assinala o significado de Abraão em sua vida, refazendo como seu o itinerário de Abraão, finalizado em Jerusalém. Sinaliza ter compreendido, com o Pai de todos os crentes, que a Terra Santa não poderia ser um "monopólio de uma raça, mas à Terra prometida a todos os peregrinos como ele". Cf. ROCALVE, *Louis Massignon et l'islam*, p. 30-31.

[31] MASSIGNON, *Les trois prières d'Abraham*, p. 98. Por sua vez, a religião judaica enraíza-se, a seu ver, na esperança e o Cristianismo, na caridade.

[32] Ibid., p. 106.

[33] CANCIANI, D. L'altro volto dell'islam. In: MASSIGNON, L. *La suprema guerra santa dell'islam*, Troina: Città Aperta, 2003. p. 12. A propósito do método interiorista, ver, ainda: MASSIGNON,

cia do "critério de experimentação interior" para a percepção de uma outra tradição religiosa.[34]

A hospitalidade é também, para Massignon, um requisito essencial para a busca da verdade. Esta acontece no bojo de uma relação espiritual serena, de acolhida mútua entre interlocutores que buscam um horizonte fraterno. Não há como compreender o outro senão tornando-se seu hóspede. Esse é um tema recorrente na reflexão da Massignon. O verdadeiro encontro com o outro não acontece mediante o caminho de sua anexação, mas do exercício autêntico de hospitalidade. É mediante o trabalho de partilha do mesmo pão, do mesmo trabalho e da mesma vida que a verdade pode vir à tona.[35]

A abertura ao Islã possibilitou a Massignon descobrir com maior profundidade algumas dimensões inusitadas do mistério divino. O seu Catolicismo não ficou enfraquecido com o diálogo, mas enriquecido com a nova visão: tornou-se mais exigente. Ao oferecer uma visão mais amorosa e interna do Islã, contribuiu decisivamente para uma mudança de perspectiva na visão católico-romana sobre o tema, abrindo o caminho para a colaboração e o diálogo islâmico-cristão. Há, hoje, um reconhecimento explícito sobre o influxo exercido por Massignon em textos decisivos do Concílio Vaticano II que tratam das religiões não cristãs, em especial do Islamismo. Tanto o número 16 da constituição dogmática *Lumen Gentium*, sobre a Igreja, como o texto da declaração sobre as religiões não cristãs, *Nostra Aetate*, refletem essa influência. Há que recordar os laços de grande amizade que unia Massignon a Paulo VI.[36] Na visão de Robert Caspar, que foi perito no Concílio

---

L. *L'ospitalità de Abramo. All'origine di ebraismo, cristianesimo e islam.* Milano: Medusa, 2002. p. 14 (introduzione de Domenico Canciani).

[34] MASSIGNON, L. *La passion de Husayn ibn Mansûr Hallâj.* Paris: Gallimard, 1975. t. III, p. 10-12. Ver, a propósito: ROCALVE, *Louis Massignon et l'islam*, p. 102. Vale também registrar a importância dada por Massignon ao coração como "órgão preparado por Deus para a contemplação" – Ibid., p. 26. Ver também: MASSIGNON, L. Il "cuore" (*al-qalb*) nella preghiera e nella meditazione musulmane. In: *Il soffio dell'islam. La mistica araba e la letteratura occidentale.* Milano: Medusa, 2008. p. 119-126.

[35] BÉTHUNE, P.-F. *L'hospitalité sacrée entre les religione.* Paris: Albin Michel, 2007. p. 136-137 e 203. BASETTI SANI, *Louis Massignon*, p. 74.

[36] MASSIGNON, *L'hospitalité sacrée*, p. 141. *Ciencia de la compasión*, , p. 40, n. 3 (em nota de Jesús Moreno Sanz). Em sua viagem à Terra Santa, em 1964, o Papa Paulo VI acolheu, em âmbito da reflexão magisterial, em sintonia com Massignon, a ideia de três religiões abraâmicas. Ver, a respeito: BASETTI SANI, *Louis Massignon*, p. 79.

Vaticano II e consultor junto ao Secretariado para os Não Cristãos, Massignon contribuiu de forma decisiva para a mudança de perspectiva na Igreja Católica romana com respeito ao Islã. Abriu-se com ele uma "brecha significativa no compacto muro de desconfiança e incompreensão que separava o Islã do Cristianismo até a primeira metade do século XX".[37]

Na trilha aberta por Massignon surgiram novos pensadores e teólogos católicos dedicados ao tema do diálogo com o Islã, entre os quais podem ser citados: Georges Anawati, Jacques Jomier, Jean-Mohammed Abd-el-Jalil, Serge de Beaurecueil, Maurice Borrmans, Robert Caspar, Paolo dall'Oglio, Christian van Nispen, entre outros.[38]

O ciclo de Gandhi: a dinâmica da compaixão

Na perspectiva aberta por Massignon, a compaixão é um alargamento da hospitalidade. Na última etapa de sua vida, esse tema da compaixão será para ele decisivo. Tendo se aposentado em 1954, firma-se seu compromisso social e político, já pontuado pelo engajamento em favor dos palestinos. É onde entra a inspiração de Gandhi. O primeiro contato com Gandhi deu-se em 1912, por ocasião de sua breve passagem por Paris, tendo-o reencontrado ali em 1931. Nele Massignon encontrava algo de precioso e um fermento novo para sua vida espiritual: "Talvez pela primeira vez no mundo um homem teve tamanha influência sobre os povos de outras religiões com resultados importantes na ordem social. Na Europa, perdemos o senso do

---

[37] MASSIGNON, *L'hospitalità di Abramo...*, p. 20 (introduzione de Domenico Canciani). Ver também: FITZGERALD, Michael L. *Dialogo inter-religioso*. Il punto di vista cattolico. Cinisello Balsamo: San Paolo, 2007. p. 106-107 e 113. Relações entre as religiões abraâmicas. In: HINZE, B. E. *Herdeiros de Abraão*. São Paulo: Paulus, 2007. p. 87-88.

[38] Para uma reflexão a respeito, ver: PÉRENNÈS, J.-J. *Georges Anawati (1905-1994). Un chrétien égyptien devant le mystère de l'islam*. Paris: Cerf, 2008. *Massignon – Abd-el-Jalil. Parain et filleul (1926-1962). Correspondance*. Paris: Cerf, 2007. BORRMANS, M. *Orientamenti per un dialogo tra cristiani e musulmani*. Roma: Pontificia Università Urbaniana, 1991. CASPAR, R. *Para una visión cristiana del islam*. Santander: Sal Terrae, 1995. AVON, Dominique. *Les frères prêcheurs en Orient. Les dominicains du Caire*. Paris: Cerf, 2005. DALL'OGLIO, Paolo. *Innamorato dell'islam, credente in Gesù*. Milano: Jaca Book, 2011. SEVENAER, Christian van Nispen tot. *Chrétiens et musulmans. Frères devant Dieu?* Paris: Éditions de l'Atelier, 2009.

sagrado na vida social, mas através de pessoas como Gandhi poderemos reencontrá-lo".[39]

Os ideais de Gandhi vão penetrando sua visão de mundo até ganhar sua marca decisiva nos anos posteriores a 1953. Na fase derradeira da vida de Massignon, todas as suas ações e julgamentos serão inspirados pelo pensamento de Gandhi.[40] A noção mesma de hospitalidade é agora aprofundada e envolvida pela dinâmica da compaixão pelo outro. A admiração suscitada por Gandhi em Massignon deve-se, sobretudo, à sintonia das escolhas nos âmbitos moral e espiritual. Pode-se também acrescentar o toque de sua exemplaridade, bem como de sua reivindicação cívica em favor do verdadeiro (*satyagraha*). Há também comunhão no campo da espiritualidade, fundada em valores semelhantes, como a oração, o jejum e a peregrinação, bem como no âmbito da opção comum pelos pobres. Não há como desconhecer a presença de Gandhi na inspiração da dinâmica de compaixão-substituição presente em Massignon, em particular na sua atenção para com os oprimidos e na sua ampla solidariedade.[41] Como assinala Rocalve, Massignon sente-se

> envolvido na política da França com respeito aos povos muçulmanos. Sua carreira de islamólogo e seu desejo pessoal de reconhecimento do Islã, de hospitalidade do Islã, convergem no serviço a todos os muçulmanos golpeados pela injustiça na Palestina, no Maghreb, na metrópole (visitas aos prisioneiros, acorrida aos operários argelinos).[42]

Em carta de abril de 1948, Massignon firma o seu compromisso: "Estou cada vez mais decidido a manter minha 'shahada'[43] em favor da justiça até a

---

[39] Intervenção de Massignon sobre Gandhi em seminário organizado pela Unesco em janeiro de 1953. In: DREVET, *Massignon e Gandhi. La contagion de la vérité*, p. 112.
[40] Ibid., p. 44.
[41] RIZZARDI, G. L. *Massignon (1883-1962). Un profilo dell'orientalista cattolico*. Milano: Glossa, 1996. p. 60-61. É conhecido o texto de Massignon em que ele apresenta a exemplaridade singular de Gandhi: MASSIGNON, *Parole donne*, p. 130-139.
[42] ROCALVE, *Louis Massignon et l'islam*, p. 140.
[43] Profissão de fé ou testemunho.

morte".[44] Como indica Edward Said, esta atuação prática e humanista era o que para ele havia de melhor em Massignon. Ele

> era um lutador incansável em defesa da civilização muçulmana e, como demonstram seus numerosos ensaios e cartas após 1948, em defesa dos direitos dos árabes muçulmanos e cristãos na Palestina contra o Sionismo, contra aquilo que, em referência a alguma coisa dita por Abba Eban, ele chamou severamente de "colonialismo burguês" israelense.[45]

Estava sempre antenado com os problemas de seu tempo. Vale lembrar o seu papel na criação do Instituto *Dar Es Salam* (a casa da paz), ocorrida em 1947, no Cairo, e sua presença nas obras de misericórdia no núcleo dos amigos de Gandhi.

Caminhos de vida interior

Massignon deixa rastros importantes também no âmbito da vida espiritual. Juntamente com Mary Kahil,[46] funda, em fevereiro de 1934, a *Badaliya*,[47] um espaço garantido para a vida de oração e a hospitalidade do coração. Tratava-se de um lugar de acolhida do outro, do estrangeiro. Na *Badaliya*, "toma forma um modelo de espiritualidade interconfessional que suscita uma concepção teológica-mística do 'diálogo' para além dos modelos socioculturais evocados pela cultura humanista".[48] Em pacto concluído na

---

[44] MASSIGNON, *L'hospitalité sacrée*, p. 250. E continua, na sequência: "Notre vocation c'est de justifier Dieu, de le faire aimer par ceux-là mêmes à qui Il manque et qui semblent abandonnés: les pauvres, les exclus, les inconsolés. C'est cela que Jésus a fait en venant ici-bas à l'appel de Marie".

[45] SAID, E. *Orientalismo. O Oriente como invenção do Ocidente*. São Paulo: Companhia das Letras, 2001. p. 274-275.

[46] Tendo conhecido Massignon em 1912-1913, Mary Kahil (1889-1979) viverá uma experiência de intensa comunhão espiritual com Massignon. Os dois exerceram grande influência no diálogo islâmico-cristão. Para maiores detalhes, cf.: MASSIGNON, *L'hospitalité sacrée*, p. 77ss.

[47] Seu significado em árabe é "substituição".

[48] RIZZARDI, L. *Massignon (1883-1962). Un profilo dell'orientalista cattolico*, p. 150. A expressão *badaliya* é derivada do termo árabe *abdâl*, cujo plural é *badal*. Como assinala Paulo Dall'Oglio, os *abdâl* "são escolhidos por Deus para cicatrizar as feridas do mundo mediante o dom de si mesmos, através da paciência, da humildade, do silêncio e da pequenez assumida

ocasião pelos dois na igreja franciscana de *Damiette*, local onde São Francisco apresentou-se ao sultão al-Malik al Kâmil, decidem fazer o oferecimento de suas vidas aos muçulmanos. Não para que se convertessem ao Cristianismo, mas "para que a vontade de Deus pudesse ser feita para eles e por eles". A experiência da *Badaliya* é assumida pelos dois como um "voto de substituição" e um convite a viver a santidade em meio aos muçulmanos. Traduzindo ao Padre jesuíta Bonneville, no Cairo, a força da opção realizada pelos dois, Mary Kahil assim se expressa: "Queremos fazer nossas as suas orações, nossas as suas vidas, apresentando-as ao Senhor".[49] A partir de 1934, ano da fundação da *Badaliya*, Massignon vai se aproximando cada vez mais da comunidade católica melquita, de rito bizantino, até fazer sua transferência definitiva para ela em 1949, sob autorização de Pio XII. Era o passo que faltava para sua maior comunhão, enquanto cristão, com os árabes. Em janeiro de 1950, é ordenado sacerdote na igreja greco-melquita Sainte-Marie-de-la-Paix.

Para o crescimento espiritual de Massignon foi muito importante a presença de Charles de Foucauld (1858-1916). Foi alguém decisivo no processo pessoal de afirmação da vocação espiritual e solidária de Massignon em favor do Islã. Os dois sempre estiveram unidos por uma grande e profunda amizade, apesar da diferença de idade de vinte e cinco anos. Foucauld torna-se, para Massignon, um intercessor, confidente e amigo: um autêntico "diretor espiritual". A intimidade espiritual entre os dois está registrada na correspondência regular mútua que se inicia em novembro de 1908, e que soma cerca de oitenta cartas. Em clara proposta de vida monástica, Foucauld faz, em setembro de 1909, um convite a Massignon para prosseguir seus estudos teológicos junto a ele no deserto. Ainda que seduzido pela proposta, Massignon acaba optando pelo matrimônio, que veio a realizar-se em 27 de janeiro de 1914, em Bruxelas. O caminho escolhido por Massignon ganha a acolhida carinhosa de Foucauld. No mesmo mês do casamento, uma bela carta de Foucauld a Massignon expressava o valor da nova e maravilho-

---

com amor". Os *abdâl* são como que os santos muçulmanos. Ver: MONTJOU, Guyonne de. *Un monastero, un uomo, un deserto*. Milano: Paoline, 2008. p. 86-87 (a citação está na p. 86).
[49] MASSIGNON, *L'hospitalité sacré*, p. 101.

sa opção realizada pelo amigo, de uma vocação dada por Deus para viver a santidade do matrimônio no mundo.[50]

Para Massignon, o amigo Foucauld representava um "arco estendido para um Absoluto, para a Verdade". Tornou-se um discípulo dele ao longo da caminhada, buscando beber intensamente sua "experiência vital do sagrado junto aos outros", e também o desafio essencial do compromisso com os irmãos mais pobres. Via a necessidade de intensificar seu contato espiritual com o mestre para poder captar "sua iniciação experimental à compreensão verdadeira da condição humana, sua ciência experimental da compaixão". O que pressentia por experiência pessoal viu realizado na prática vital de Foucauld: a importância de optar pelos muçulmanos, enquanto filhos de Abraão, esses "misteriosos excluídos das preferências divinas na história". Aprendeu também a centralidade do anúncio do Evangelho pela via da humildade, do exercício da hospitalidade, entendido como "verdadeiro pão espiritual".[51] São, portanto, três os aspectos que unem o pensamento de Massignon a Charles de Foucauld: a visão comum sobre a responsabilidade da França com respeito aos países colonizados; a partilha da hospitalidade, entendida como valor sagrado; a percepção da dignidade única de cada ser humano, sobretudo dos mais abandonados e excluídos, nos quais pulsa uma experiência vital do sagrado.[52]

O grande legado de Louis Massignon insere-se no campo do diálogo do Cristianismo com o Islã. Ele favoreceu, sem dúvida alguma, uma nova visão sobre essa tradição religiosa que, para o Ocidente, representou um "trauma duradouro". Apontou caminhos singulares para uma percepção do Islã a partir de dentro, buscando discernir o "sopro do Islã", sobretudo a partir da contribuição dos grandes místicos da tradição sufi, em particular al-Hallaj. Privilegiou o caminho do coração como lugar privilegiado de acesso ao "segredo divino".[53] Defendia a e acreditava com vigor na ideia de

---

[50] FOUCAULD, C. de. *Opere spirituali*. Roma: Paoline, 1984. p. 722.

[51] MASSIGNON, *Parole donne*, p. 63-64 (Toute une vie avec um frère parti au désert: Foucauld).

[52] RIZZARDI. *L. Massignon (1883-1962). Un profilo dell'orientalista cattolico*, p. 60. Também: p. 91-132.

[53] Ou também como o "ponto de impacto dos acontecimentos espirituais", o órgão e espelho "da contemplação entre os profetas a quem Deus 'abriu o peito' (*sharh al-sadr*) (Cor 94,1)" –MASSIGNON, L. *Écrits mémorables*. Paris: Robert Lafont, 2009. t. II, p. 309 e 312.

que o melhor caminho de acesso ao outro é mediante a empatia, a simpatia e a hospitalidade. Foi um pioneiro do diálogo inter-religioso, abrindo canais alvissareiros para a abertura do Cristianismo ao Islã. Como bem sinalizou Édouard-Martin Sabanegh, um de seus discípulos, Massignon foi o grande artesão na mudança de perspectiva do mundo cristão com respeito ao Islã,[54] com um substantivo influxo no Concílio Vaticano II. No mundo católico, foi ele um dos pioneiros no reconhecimento do Islã como religião abraâmica. Os testemunhos sobre eles são diversificados. O Papa Pio XI referiu-se a ele como um "muçulmano católico". O grande orientalista Jacques Berque identificava-o como um "*sheikh* admirável". O irmãozinho de Jesus René Voillaume encontrou nele "um testemunho privilegiado da herança espiritual de Charles de Foucauld". Esse reconhecimento aconteceu também no mundo muçulmano, onde é reverenciado ainda hoje com reconhecimento e respeito. Insere-se no amplo leque dos buscadores do diálogo, que fizeram de sua trajetória de vida uma aventura arriscada e exigente de deixar-se envolver pelo enigma do outro.

---

[54] PÉRENNÈS, *Georges Anawati (1905-1994)*. Un chrétien égyptien devant le mystère de l'islam, p. 84.

5

Simone Weil: uma paixão sem fronteiras

Não é tarefa fácil tentar descrever a vida da grande pensadora e mística que foi Simone Weil (1909-1943). Como mostrou com acerto sua biógrafa e amiga, Simone Pétrement, querer apresentar uma imagem mais ou menos fiel da autora é tarefa "desesperada".[1] Só um "excepcional biógrafo" é capaz de desocultar com autenticidade a riqueza e os segredos de sua vida e desvendar seu enigma. Revelam-se sempre fragmentárias as tentativas de selecionar os aspectos mais fundamentais da sua vida, envolvida por nuances multifacetadas. O objetivo deste capítulo é buscar captar o traço de Simone Weil como buscadora do diálogo e apaixonada pelo mistério de Deus e do mundo, tendo como base de referência algumas biografias sobre a autora e, sobretudo, dois livros de sua vasta bibliografia: *Espera de Deus* e *Carta a um religioso*.[2]

No testemunho de dois amigos queridos de Simone Weil, revela-se com muita clareza a figura de Simone Weil. Em sua convivência com Simone no período em que viveu em Marselha, entre os anos de 1941 e 1942, o Padre dominicano Joseph-Marie Perrin a definiu muito bem, como uma mulher marcada pela "sede do absoluto". Com base numa afirmação da própria Simone, o Padre Perrin indica que ela foi como "a clorofila que se alimenta

---

[1] PÉTREMENT, Simone. *Vida de Simone Weil*. Madrid: Trotta, 1997. p. 11 (o original francês é de 1973, publicado em dois volumes).
[2] WEIL, Simone. *Attente de Dieu*. Paris: Fayard, 1966 (a edição original é de 1950). *Lettre à un religieux*. Paris: Gallimard, 1951. A obra completa de Simone Weil, ainda em curso de publicação, está prevista para sete tomos e dezesseis volumes pela editora Gallimard.

da luz": uma presença misteriosa e "atormentada" pelo amor de Deus.[3] O outro testemunho é de Gustave Thibon, em cuja fazenda ela trabalhou como operária agrícola em 1941. Ele menciona que com Simone deu-se o grande encontro de sua vida. Foi aos poucos sendo seduzido pela beleza interior dessa mística "selvagem", pela sua pureza, transparência, autenticidade, e pela sua capacidade única de abertura sem limites à realidade.[4] Thibon reconhece que "todos os homens geniais são mensageiros do divino e do eterno. Mas poucos são verdadeiramente suas testemunhas na profundidade de seu ser".[5]

Passos de uma vida singular

Simone Weil nasceu em Paris no dia 3 de fevereiro de 1909, numa família de tradição judaica, marcada por clima de refinamento cultural, generosidade e afeto. Seu pai, Bernard (1872-1955), era médico e agnóstico convicto. Sua mãe, Selma Reinherz (1879-1965), uma mulher dedicada aos filhos. Foi nesse clima que cresceu Simone, sem aderir a nenhum credo preciso. O ambiente familiar foi favorecido pelos sólidos vínculos afetivos e Simone recebeu dos pais um importante impulso para o crescimento intelectual e a ampliação das possibilidades de ação no mundo. Herdou de sua mãe a alegria e a paixão pela vida, bem como o desejo de felicidade.

Em sua trajetória de vida, Simone Weil foi revelando aos poucos uma capacidade intelectual singular. Terminou o seu *baccalauréat* aos 15 anos, tendo em seguida ingressado no prestigiado Liceu Henri IV, em Paris. Esco-

---

[3] PERRIN, Joseph-Marie. *Mon dialogue avec Simone Weil*. Paris: Nouvelle Cité, 1984. p. 29, 39 e 79.

[4] PERRIN, Joseph-Marie; THIBON, Gustave. *Simone Weil come l'abbiamo conosciuta*. Milano: Ancora, 2000. p. 120 e 123. BARTHELET, Philippe. *Entretiens avec Gustave Thibon*. Paris: Éditions du Rocher, 2001. p. 63-65. Um testemunho semelhante foi dado por Simone Pétrement, sua fiel amiga, ao constatar que os seus mais simples escritos, nos últimos anos, são suficientes para "mostrar o que ela realmente era, revelam uma pureza, uma honestidade inflamada e delicada que não encontra semelhança no nosso tempo" – Apud CANCIANI, Domenico. *Tra sventura e bellezza*. Riflessione religiosa e esperienza mistica in Simone Weil. Roma: Lavoro, 1998. p. 96.

[5] THIBON, Gustave. *L'ignorance étoilée*. Apud DI NICOLA, Giulia Paula; DANESE, Attilio. *Abismos e ápices*. São Paulo: Loyola, 2003. p. 119.

lheu a filosofia como campo de sua formação teórica, tendo encontrado em Alain um dos mestres que mais favoreceram o seu desenvolvimento intelectual. É nesse período do Liceu que começa a acontecer o seu engajamento político mais decisivo. Sua presença irradiadora propagava-se entre os alunos. Em passagem de um de seus livros de memória, Simone de Beauvoir relata sua admiração por Simone Weil: "Eu invejava um coração capaz de bater através do universo inteiro".[6] A continuidade de seu aperfeiçoamento teórico vai acontecer na Escola Normal Superior, de 1928 a 1931. A trajetória intelectual de Simone foi um "exercício do intelecto com todo o seu rigor e exigência, unido a uma paixão pelo mundo e o ser humano".[7]

Simone Weil é contratada em setembro de 1931 como professora de Filosofia em Le Puy. O exercício do magistério é acompanhado de intensa militância no movimento sindical. Firma-se nela o sonho de tornar-se operária. A atuação como docente tem continuidade em Auxerre (1932-1933) e Roanne (1933-1934). Sua militância política em Roanne vai cada vez mais inviabilizando sua profissão de professora. O tema do trabalho sempre esteve no centro de suas atenções durante sua formação filosófica, e o sonho de tornar-se operária é acalentado desde 1924. Acreditava que só mediante um conhecimento direto da vida na fábrica teria acesso à compreensão da relação entre os trabalhadores e o trabalho. Em dezembro de 1934, inicia sua atividade como operária na fábrica Alsthom, depois de pedir licença por um ano do cargo de ensino. Terá, ainda, outras duas experiências como operária, na Carnaud e na Renault, quando pede demissão em 1935. Sobre sua experiência como operária, relata em carta ao amigo Joë Bousquet, em 12 de maio de 1942:

> Não faz muito tempo [...] trabalhei como operária, cerca de um ano, nas fábricas metalúrgicas da região parisiense. A combinação da experiência pessoal e a simpatia pela miserável massa humana que me rodeava e com a qual me encontrava [...] indissociavelmente confundida, fez entrar tão profundamente no meu coração a desventura da degradação

---

[6] BEAUVOIR, Simome de. *Mémoire d'une jeune fille rangée*. Paris: Gallimard, 1958. p. 236-237.
[7] BINGEMER, Maria Clara L. *Simone Weil*. A força e a fraqueza do amor. Rio de Janeiro: Rocco, 2007. p. 20.

social que, desde então, passei a me sentir como uma escrava, no sentido que esta palavra tinha para os romanos.[8]

O tema da desventura é novamente lembrado na carta autobiográfica que Simone escreve ao Padre Perrin, dois dias depois:

> Estando na fábrica, confundida aos olhos de todos e aos meus próprios com a massa anônima, a desgraça dos outros entrou em minha carne e em minha alma. Nada me separava disto, porque havia esquecido realmente meu passado e não esperava nenhum porvir, e dificilmente podia imaginar a possibilidade de sobreviver àquelas fadigas. [...] Recebi ali, para sempre, a marca da escravidão, como a marca a ferro em brasa que os romanos punham na fronte de seus escravos mais menosprezados. Depois, passei a ver-me sempre como uma escrava.[9]

Tal questão vai ocupar um lugar central na reflexão de Simone Weil, que não via outra condição para pensar a desventura senão "levando-a na carne, gravada bem a fundo, como um cravo, e levá-la consigo por longo tempo, de forma a facultar firmeza ao pensamento para poder mirá-la".[10]

Uma das razões que motivaram Simone Weil a ser operária era poder encontrar na fábrica uma "verdadeira fraternidade". Sua decepção foi grande. Encontrou ali uma experiência de viva opressão e consequente submissão desalentadora. Tudo isso só fez aumentar o seu pessimismo político. Em seus relatos a propósito, sublinhou que a experiência nas fábricas foi para ela "um verdadeiro martírio": a cruel fadiga, as normas de produtividade impostas, a degradação das condições de trabalho, as terríveis dores de cabeça etc. Chegou a pensar em suicídio.[11] Na verdade, esse ano de experiência operária provocou uma profunda transformação em Simone Weil, não só no âmbito das ideias, mas em sua visão das coisas, em seu sentimento de mundo. É dessa

---

[8] WEIL, Simone. *Pensamientos desordenados*. Madrid: Trotta, 1995. p. 57.

[9] Id., *Attente de Dieu*, p. 42 (na tradução brasileira: *Espera de Deus*. São Paulo: ECE, 1987. p. 45). O tradutor brasileiro preferiu traduzir a difícil expressão francesa *malheur* por "desgraça". No presente texto, adotamos outra tradução: "desventura".

[10] Id., *Pensamientos desordenados*, p. 54.

[11] PÉTREMENT, *Vida de Simone Weil*, p. 354, 357, 376 e 379.

experiência profundamente dolorosa e cansativa que ela extrai reflexões de extrema lucidez sobre o trabalho operário e a tola pretensão das ideologias modernas, notadamente o socialismo real, de libertar os operários, quando na verdade estes vivem como cativos, escravos na fábrica.[12]

Muitos dos sonhos nutridos por Simone Weil acabam naufragando diante da dura e triste realidade que encontra pelo caminho. Mas tudo isso gerou outras possibilidades, como um "percurso propedêutico" para uma nova vida espiritual. Sublinha-se, com acerto, que o movimento que a levou à vida operária "foi a obediência a um movimento interior que ela ainda não nomeava em termos espirituais. Tratava-se, no entanto, de um movimento existencial, vital, que ela não podia deixar de atender. E esse movimento, nela, era inseparável do amor que sempre nutriu pelos seres humanos".[13]

Após sua saída da Renault, em agosto de 1935, Simone Weil acompanha os pais numa viagem a Portugal, e ali vive uma primeira experiência mística, ao tomar contato com um Cristianismo aceso e pulsante. Isso ocorre em meados de setembro do mesmo ano em Póvoa do Varzim,[14] ao se deparar com uma bela procissão marítima, por ocasião da festa patronal de Nossa Senhora das Sete Dores. O canto triste das mulheres dos pescadores provoca a sensibilidade daquela jovem que "tinha a alma e o corpo em pedaços", e ali toma, de improviso, a consciência de que "o Cristianismo é por excelência a religião dos escravos".[15]

Em outros dois momentos viverá uma similar intensidade mística. Por ocasião de uma viagem a Assis, na Itália, em 1937, e numa estadia em Solesmes, em 1938. É sabida a grande admiração que Simone nutria por São Francisco. Na sua célebre carta autobiográfica ao Padre Perrin, diz sentir-se fascinada pelo místico franciscano desde que teve notícia dele. Ao entrar em Assis, na pequena capela romana do século XII, *Santa Maria degli Angeli*, foi tomada de estupefação. Relata ao Padre Perrin que, diante daquela

---

[12] BINGEMER, *Simone Weil*, p. 39.
[13] Ibid., p. 45.
[14] Um vilarejo nas proximidades da cidade do Porto.
[15] WEIL, *Attente de Dieu*, p. 42-43. PERRIN, *Mon dialogue avec Simone Weil*, p. 41-42.

"incomparável maravilha de pureza, onde São Francisco orou tão amiúde", algo "mais forte" aconteceu em seu interior, que a obrigou, pela primeira vez, a pôr-se de joelhos.[16] A paisagem da Umbria encantou Simone, com sua doçura e serenidade. Seu relato a propósito é emocionante: "[...] nunca sonhei que pudesse existir um campo semelhante, uma raça de homens tão esplêndida e capelas tão emocionantes".[17]

A terceira experiência mística cristã marcante acontece numa visita de dez dias à abadia beneditina de Solesmes, na França. Foi um momento forte e datado, durante a Semana Santa e as festas pascais. A beleza do canto gregoriano e das palavras do ofício amenizavam as intensas dores de cabeça que a atormentavam na ocasião. A experiência, segundo o seu relato, permitiu-lhe "compreender melhor a possibilidade de saborear o amor divino através da desventura". Foi durante aqueles ofícios que o "pensamento da Paixão de Cristo" entrou de vez na sua vida. Recebeu em Solesmes, de um jovem católico inglês, um poema do século XVII que se intitulava "Amor", que aprendeu de memória e o recitava nos momentos mais violentos de suas dores de cabeça. Foi durante uma dessas recitações que ela sentiu-se apoderada por Cristo: "[...] o Cristo mesmo desceu e tomou-me".[18]

Durante anos essa experiência mística de Simone foi guardada em silêncio, tendo sido revelada só em maio de 1942, nas cartas a Joë Bousquet e Padre Perrin. Com o amadurecimento do tempo, resolveu revelar a público o que viveu na intimidade do encontro com o Mistério. Segundo Carlos Ortega, que fez o prólogo da edição espanhola da *Espera de Deus*, as três experiências místicas provocam "seu abandono do ensino e assinalam o ponto de inflexão a partir do qual seu olhar sobre o mundo recebe uma decisiva conformidade sobrenatural".[19] As transformações interiores vividas por Simone

---

[16] WEIL, *Attente de Dieu*, p. 43.
[17] PÉTREMENT, *Vida de Simone Weil*, p. 452.
[18] "Le Christ lui-même est descendu et m'a prise" – WEIL, *Attente de Dieu*, p. 44-45. Sobre sua experiência mística, ver, ainda: CANCIANI, *Tra sventura e belleza...*, p. 117-120.
[19] ORTEGA, Carlos. Prólogo. In: WEIL, Simone. *A la espera de Dios*. 3. ed. Madrid: Trotta, 2000. p. 10. Sobre essa mudança também fala o Padre Perrin, no prefácio de *Espera de Deus*: "[...] na experiência desse sentimento desconhecido, dirigiu um novo olhar sobre o mundo, sobre sua poesia e suas tradições religiosas e sobretudo sobre a ação ao serviço dos desventurados, campo ao qual intensificou seus esforços" – WEIL, *Attente de Dieu*, p. 9.

no final da década de 1930 vão repercutir no novo interesse pela religião. Passa a dar maior atenção às leituras que envolvem a história das religiões e ao estudo comparado das religiões. Capta a importância e singularidade da adesão à verdade religiosa em sua leitura do *Bhagavad-Gita*, realizada na primavera de 1940, e retomada diretamente em sânscrito, em 1941.[20] Nessa ocasião toma também contato com a apaixonante obra de João da Cruz, que lê no original com grande entusiasmo. Na visão do amigo Thibon, que favoreceu esse contato, Simone "pôde descobrir João da Cruz com uma profunda admiração e uma adesão não menos profunda". Em sua opinião, dentre todos os místicos era aquele que melhor correspondia à sua espiritualidade,[21] Na carta biográfica a Joë Bousquet, assinala não mais poder rechaçar a presença de Deus: "[...] uma presença mais pessoal, mais certa, mais real que a de um ser humano, inacessível tanto aos sentidos como à imaginação, análoga ao amor que transparece no mais terno sorriso de um ser amado".[22]

Depois do período de Marselha, Simone vai para Nova York, em 1942. Sua vontade era permanecer na França, e só aceita a viagem como forma de manter a segurança dos pais. O período era complicado para a família Weil, com a crescente ameaça hitlerista. A situação da guerra provoca uma profunda mutação no pensamento de Simone com respeito ao tema da violência. Rompe com sua anterior postura sobre o pacifismo e defende o direito da reação francesa e do resto da Europa. Elabora um projeto de criação de um corpo de enfermeiras de primeira linha e tenta divulgá-lo entre as autoridades.[23] Antes de partir para Londres, ainda em 1942, Simone escreve a famosa *Carta a um religioso*, dirigida ao Padre Coutorier, sob indicação de Jacques Maritain. Essa carta nunca receberá resposta. Em Londres, Simone Weil consegue um trabalho de redatora num escritório. O período londrino

---

[20] Indagando sobre o fascínio exercido pelo *Bhagavad-Gita* na vida de Simone Weil, Bingemer sugere que o modo de desapego proposto pelo clássico poema místico, entendido como caminho do ser humano para atingir a iluminação e a comunhão com Deus, expressava bem o ideal proposto pela buscadora francesa – BINGEMER, Maria Clara L. Simone Weil: pioneira do diálogo inter-religioso. In: Id. (org.) *Simone Weil e o encontro entre as culturas*. São Paulo: PUC-Rio/Paulinas, 2009. p. 258-259.

[21] BARTHELET, *Entretiens avec Gustave Thibon*, p. 178.

[22] WEIL, *Pensamientos desordenados*, p. 58.

[23] PÉTREMENT, *Vida de Simone Weil*, p.654-655.

foi de intensa produção literária para Simone. Uma de suas obras mais importantes nasceu nessa ocasião: *L'enracinement*.[24] Mas permanecia infeliz, apesar da positiva acolhida no país estrangeiro. E se aborrecia também com as dificuldades impostas aos projetos de vida. As temíveis dores de cabeça retornam, e Simone alimenta-se cada vez menos. No dia 15 de abril de 1943, é internada, depois de ser encontrada desacordada em casa. Tem certa melhora no hospital de Middlesex, mas sua resistência a alimentar-se dificulta o tratamento. Dizia que não podia saciar sua fome enquanto seu povo padecia. Acaba falecendo no dia 24 de agosto de 1943, aos 34 anos.

A paixão pelos outros e pelo mundo

Dois traços fundamentais marcam a sensibilidade de Simone Weil: a paixão pelos outros e pelas coisas do mundo. Dizia estar convencida de que a conjunção da consciência da desventura com o sentimento de alegria, entendido como adesão integral à perfeita beleza, era a porta de entrada ao "país puro, ao país respirável, ao país do real".[25] Há que situar, primeiramente, o extraordinário caráter de sua compaixão, sua solidariedade com a causa dos oprimidos e infelizes. E essa compaixão ganhava contornos de uma autêntica virtude teologal: "No amor verdadeiro não somos nós que amamos os desventurados em Deus, mas é Deus que em nós ama aos desventurados".[26] Sua veia profética vibra e reage prontamente contra a violência que sufoca os seres humanos. O sentimento de compaixão acompanha Simone desde sua infância e vai alargando-se, sem fronteiras, até envolver o mundo inteiro. Ao lado dessa capacidade de "simpatia pela miserável massa humana", pelos desventurados, situa-se também uma grande paixão pelas coisas do mundo e por sua beleza. O que mais amava na natureza era "a pureza dos minerais, o vazio do silêncio, do imenso e luminoso espaço, ou o distante e alheio esplendor dos astros".[27] Simone via no amor à beleza do mundo uma das formas implícitas de amor a Deus. Seu coração estava aberto para aco-

---

[24] WEIL, Simone. *L'enracinement*. Prélude à une déclaration des devoirs envers l'être humain. Paris: Gallimard, 1949.

[25] WEIL, *Pensamientos desordenados*, p. 59.

[26] Id., *Attente de Dieu*, p. 138.

[27] PÉTREMENT, *Vida de Simone Weil*, p. 587.

lher sem limites "os reflexos puros e autênticos dessa beleza nas artes e na ciência" e abraçar tantas outras coisas que ela e Deus amavam:

> [...] toda a imensa extensão dos séculos passados, exceto os vinte últimos; todos os países habitados por raças de cor; toda a vida profana nos países de raça branca; na história desses países, todas as tradições acusadas de heresia, como a tradição maniqueísta e albigense; todas as coisas surgidas do Renascimento, frequentemente degradadas, porém não completamente sem valor.[28]

Simone ponderava que um dos empecilhos que a impediam de abraçar a Igreja era justamente o fato de essas belezas estarem fora do âmbito de acolhida do Cristianismo como tal. Para ela, na definição mesma do Cristianismo, a dimensão católica, da universalidade, não poderia estar excluída. De acordo com Simone, o amor verdadeiro implica universalidade, deve ser um amor capaz de envolver a totalidade do universo e da criação. Ela dizia: "Nosso amor deve ter a mesma extensão através de todo o espaço, a mesma igualdade em todas as porções do espaço que a da luz do sol".[29]

A simpatia inter-religiosa

Sobretudo após o período de Marselha (1940-1941), cresce o interesse e o aprofundamento de Simone Weil no estudo da história das religiões e das religiões comparadas. Em texto produzido em Londres, sinaliza essa atenção, de busca da verdade que habita cada tradição religiosa e as relações das religiões com as formas profanas de busca da verdade.[30] Suas leituras são diversificadas: o Livro dos Mortos e outros textos das tradições egípcias, o Antigo Testamento, o *Bhagavad-Gita* etc. Sinaliza que textos anteriores à era comum, como alguns escritos hindus, "contêm os mais extraordinários pensamentos de místicos como Suso ou São João da Cruz. Em particular, sobre o 'nada', o 'não ser', o conhecimento negativo de Deus e o estado de

---

[28] WEIL, *Attente de Dieu*, p. 53-53 e 76.
[29] Ibid., p. 79.
[30] Id., *Pensamientos desordenados*, p. 99-100.

união total da alma com Deus".³¹ Toda a sua reflexão é no sentido do reconhecimento de um rico patrimônio religioso que acompanha a história da humanidade e que deixa de ser valorizado em razão de preconceitos ou superficialidade.

Em diversos passos de sua reflexão, Simone sublinha não ser possível abandonar seus sentimentos positivos com respeito às diversas tradições religiosas. Isso era, para ela, uma questão de honestidade e honradez. Sua abertura à beleza do mundo e à totalidade da criação envolvia a acolhida inter-religiosa. Manifesta firme reticência contra o estabelecimento de uma hierarquia entre as religiões, pois, para ela, as religiões só podem ser conhecidas a partir de seu interior. De acordo com Simone, se é correto dizer que a religião católica apresenta verdades que estão apenas implícitas nas outras religiões, o mesmo pode ser dito das outras religiões, que também contêm verdades que estão implícitas no Cristianismo. Antecipando reflexões que estarão no cerne da discussão da teologia do pluralismo religioso, Simone indica que o Cristianismo tem muito o que aprender das coisas divinas presentes nas outras tradições religiosas. Seria, para ela, uma "perda irreparável" se essas tradições, em sua diversidade, tivessem de, um dia, desaparecer na história.³²

Essa visão de Simone Weil sobre as religiões encontrou resistência entre teólogos católicos inclusivistas, como Jean Daniélou e Henri de Lubac. Na perspectiva desenvolvida por Daniélou, a posição de Simone a respeito das religiões, sobretudo em sua *Carta a um religioso*, combina algumas "intuições notáveis" com "desconcertantes confusões". Para ele, o que falta na autora é a percepção de que o Cristianismo não pode ser colocado no mesmo plano das outras religiões cósmicas.³³ Para esses teólogos do acabamento, não há como negar a "diferença qualitativa" que separa o Cristianismo das demais religiões, bem como o "caráter radicalmente novo" da fé cristã. Na abordagem que defendem, é o Cristianismo que dá remate, acabamento e

---

[31] Ibid., p. 44. FIORI, Gabriela. *Simone Weil*. Milano: Garzanti, 2006. p. 273-274.

[32] WEIL, *Lettre à un religieux*, p. 38-39.

[33] DANIÉLOU, Jean. Hellénisme, judaïsme, christianisme. In: PERRIN, J.-M. et al. *Réponses aus questions de Simone Weil*. Paris: Aubier, 1964. p. 19 e 26. Ver, ainda: DANIÉLOU, Jean. *Sobre o mistério da história*. São Paulo: Herder, 1964. p. 104. DE LUBAC, Henri. Prefazione. In: RAVIER, André (Ed.). *La mistica e le mistiche*. Cinisello Balsamo: San Paolo, 1996. p. 22.

realização às verdades "imperfeitas" que subsistem nas outras tradições religiosas. Não há dúvida sobre a discordância de Simone Weil com respeito a tais observações. Em testemunho sobre a autora, Gustave Thibon fala sobre a sua perspectiva ecumênica, que não pode ser confundida com a afirmação relativista: "Simone Weil nos descobre o verdadeiro caminho do ecumenismo – não o ecumenismo bastardo que aceita e põe no mesmo plano todas as religiões, mas um ecumenismo transcendental que filtra as impurezas de todas as religiões, conservando apenas sua essência sobrenatural".[34]

Para Simone Weil, as religiões constituem distintas expressões de uma única grande Revelação, são como "janelas para o infinito", na bela terminologia adotada por seu amigo Gustave Thibon. Numa das páginas mais bonitas de sua reflexão sobre o tema, quando aborda as formas de amor implícito a Deus, Simone sublinha que uma determinada religião só pode ser conhecida a partir de dentro, e isso requer atitudes fundamentais, como a simpatia, a atenção e a amizade. A seu ver, "o estudo das diferentes religiões não conduz a um conhecimento senão na medida em que alguém entra temporalmente, mediante a fé, ao centro mesmo da religião que se está estudando".[35] Não pode haver autêntico conhecimento do outro senão mediante a "virtude milagrosa da simpatia", por meio da qual a própria alma é a ele transportada temporalmente. Há também que dedicar ao outro uma verdadeira atenção. Para Simone Weil, este é um dom essencial, gratuito e generoso: "A atenção é a forma mais rara e mais pura da generosidade".[36]

A atenção requer um esforço particular de suspensão do pensamento, de esvaziamento da mente, de modo a deixar o sujeito disponível ao mistério que advém: "[...] a mente deve estar vazia, à espera, sem buscar nada, mas disposta a receber em sua verdade desnuda o objeto que nela vai penetrar".[37] A amizade vem completar esse quadro. Para Simone, aqueles que são capazes de amizade conseguem com todo o seu coração interessar-se pela "sorte de um desconhecido". E isto vale também para as outras religiões.

---

[34] Apud DI NICOLA; DANESE, *Abismos e ápices*, p. 211.
[35] WEIL, *Attente de Dieu*, p. 178.
[36] Em carta a Joë Bousquet, com data de 13 de abril de 1942 – MARCHETTI, Adriano (Ed.). *Simone Weil- Joë Bousquet. Corrispondenza.* Milano: SE SRL, 1994. p. 13.
[37] WEIL, *Attente de Dieu*, p. 93.

As diversas tradições religiosas, segundo Simone, são entrelaçadas por "equivalências ocultas" que delineiam a possibilidade de uma verdadeira simpatia inter-religiosa. Mas para captar essas equivalências é necessário trilhar o caminho da profundidade. Não há como perceber a riqueza da alteridade senão através de um estreito contato. Simone dizia que é "difícil apreciar pelo olhar o sabor e o valor nutritivo de um alimento que nunca se provou".[38] Torna-se imperativo para qualquer diálogo verdadeiro uma aproximação marcada pela disponibilidade de aprendizado: "[...] apropriar-se de outras possibilidades". O encontro autêntico com o outro não se dá no âmbito da superfície, mas da profundidade: só "aquele que conhece o segredo dos corações conhece também o segredo das diferentes formas de fé".[39]

No umbral da Igreja

Simone Weil dizia que o que a mantinha desvinculada da adesão formal à Igreja era o amor que ela alimentava "pelas coisas que estão fora do Cristianismo visível".[40] Era uma pessoa ousada na sua paixão pelas grandes tradições, como a Grécia, o Egito, a Índia, a China. Toda a beleza do mundo a encantava e seduzia. Não conseguia entender e aceitar o posicionamento tradicional da Igreja que desconhecia os valores das diversas tradições religiosas e mantinha-se cerrada na visão de que "fora da Igreja não há salvação". Eram tempos mais difíceis no campo da reflexão teológica sobre o tema, que só seriam dobrados posteriormente com o Concílio Vaticano II (1962-1965). Já em 1941, quando encontrou pela primeira vez o Padre Perrin, definia a sua posição como a de alguém que se encontra no "umbral da Igreja" (*au seuil de l'Eglise*).[41] Essa posição é confirmada na *Carta a um religioso*, escrita ao Padre Couturier em novembro de 1942. Diz ali que sua vocação é a de ser "cristã fora da Igreja".[42] Nessa carta Simone confirma sua adesão aos mistérios da fé cristã, mas também sua dificuldade de aderir ao

---

[38] Ibid., p. 177.
[39] Ibid., p. 179.
[40] Ibid., p. 76.
[41] Ibid., p. 31. PERRIN; THIBON, *Simone Weil come l'abbiamo conosciuta*, p. 61.
[42] WEIL, *Lettre à un religieux*, p. 14.

corpo de doutrinas estabelecido pela Igreja. Elenca uma série de dificuldades que para ela são irredutíveis e que a mantém distanciada de uma adesão mais formal. Já começa a carta dizendo:

> [...] Quando leio o catecismo do concílio de Trento, dá-me a impressão de que não tenho nada em comum com a religião ali exposta. Quando leio o Novo Testamento, os místicos, a liturgia, quando vejo celebrar a missa, sinto com alguma forma de certeza que essa fé é a minha ou, mais exatamente, que seria a minha sem a distância interposta entre ela e mim pela minha imperfeição.[43]

Simone retoma a mesma distinção entre a adesão aos mistérios da fé cristã e a recusa a uma adesão formal à instituição Igreja em carta dirigida a M. Schumann em 1942. Assevera que não estaria mentindo ao dizer que no sentido propriamente etimológico afirma-se como católica, uma vez que partilha radicalmente a ideia de um amor que preenche o universo e abraça a totalidade da criação. Diz na carta:

> Declaro-me totalmente de acordo com os mistérios da fé cristã, com uma espécie de adesão que, penso, convém só aos mistérios; adesão que é amor, não afirmação. Pertenço certamente a Cristo. Ou pelo menos isso é o que quero crer. Permaneço, porém, fora da Igreja por dificuldades que temo irredutíveis, de ordem filosófica, concernentes não aos próprios mistérios, mas às precisões com que ao longo dos séculos a Igreja acreditou dever circundar-lhes, sobretudo, nesse sentido, a utilização das palavras *anathema sit*...[44]

Na visão de Simone, a catolicidade do Cristianismo era só de direito e não de fato, uma vez que muita coisa dele estava excluído, como a vida que pulsava em toda a imensidão dos séculos passados, em tantos povos, raças e culturas, bem como o dinamismo da vida profana. Argumenta que, assim como "o Cristianismo é católico de direito e não de fato", prefere ser "membro da Igreja de direito e não de fato". Avança ainda mais, dizendo que essa

---

[43] Ibid., p. 11.
[44] Apud PÉTREMENT, *Vida de Simone Weil*, p. 663-664.

parece ser a vontade de Deus, a de permanecer fora, "também no futuro, salvo, quiçá, no momento da morte".[45] O Padre Perrin, ao decidir publicar, em 1949, os textos de Simone Weil que traduziam sua experiência interior, dá ao livro o sugestivo nome *Attente de Dieu* [*Espera de Deus*]. A palavra escolhida para o título era uma das mais apreciadas por Simone Weil, refletindo bem sua situação com respeito ao Cristianismo. A expressão "espera" foi a escolhida para espelhar o termo grego *en upomonê*, utilizado no Evangelho de Lucas (8,15). Simone dizia que sempre esteve no "umbral da Igreja, sem mover-se, quieta, *en upomonê* (palavra muito mais bela que paciência!)".[46]

Desde o período de Marselha, a questão da possibilidade da salvação fora da Igreja torna-se, para Simone, uma questão crucial. Ponderava, em carta ao Padre Perrin, que a atitude tradicional da Igreja com respeito às religiões rebaixava não apenas as outras religiões, mas também a própria religião católica.[47] Nada mais importante para ela do que a pureza de um coração que invoca a Deus, independentemente de filiação religiosa. Dizia que, "sempre que um homem invocou com um coração puro a Osíris, Dionísio, Krishna, Buda, o Tao etc., o Filho de Deus respondeu enviando-lhe o Espírito Santo".[48] Essa fé de Simone tem respaldo em sua compreensão de um Deus que é, sobretudo, amor. Em sua perspectiva, "a verdade essencial relativa a Deus é que ele é bom".[49] E é bom muito antes de ser "poderoso". Daí também sua dificuldade com alguns textos do Antigo Testamento, que lera integralmente já adulta em Paris e Marselha.[50] A leitura da Bíblia pro-

---

[45] WEIL, *Attente de Dieu*, p. 52-53. Simone Weil sempre recusou o Batismo, apesar dos esforços feitos nesse sentido pelo amigo Padre Perrin. Em livro de biografia de Simone Weil, a autora G. Houdin, contrariando a posição de outros tantos biógrafos, assinala que um testemunho de Simone Deitz, a melhor amiga de Simone na ocasião, confirmaria o seu Batismo em Londres, ao final da vida, quando ainda estava hospitalizada – Apud DI NICOLA; DANESE, *Abismos e ápices*, p. 102-103 e 105.

[46] WEIL, *Attente de Dieu*, p. 54. Id., *Pensamientos desordenados*, p. 55. Ver, ainda: PERRIN, *Mon dialogue avec Simone Weil*, p. 80 e 125.

[47] WEIL, *Attente de Dieu*, p. 250.

[48] WEIL, *Lettre à un religieux*, p.33-34.

[49] Ibid., p. 15

[50] Como assinala Bingemer, mesmo sendo Simone de tradição judaica, não foi introduzida no estudo da Bíblia hebraica na infância ou juventude. Ela fez essa leitura já adulta, tendo comprado em Marselha os dois volumes da Bíblia do Rabinato Francês – BINGEMER, *Simone Weil. A força e a fraqueza do amor*, p. 142.

vocou um impacto negativo em Simone, sobretudo em razão de passagens do Antigo Testamento que vinham acompanhadas de violência: os massacres e extermínios recorrentes, alguns deles relacionados com a vontade de Deus.[51] Mas havia também textos do Antigo Testamento que ela admirava, como alguns salmos, certas passagens do Livro de Isaías, o Cântico dos Cânticos e, sobretudo, o Livro de Jó.[52]

A relação tensa de Simone Weil com o Judaísmo é um tema complexo e delicado, motivo de muita reflexão entre seus biógrafos. Segundo Pétrement, Simone "nunca se sentiu atraída pelo Judaísmo". Ao reagir, em carta ao ministro da Educação, a um texto sobre o "Estatuto dos judeus", publicado em outubro de 1940, ponderou: "A tradição cristã, francesa, helênica, essa é a minha tradição; a tradição judaica me é estranha; nenhum texto legal pode mudar isso".[53] Na visão de Bingemer, o repúdio à violência é o que melhor traduz "o sentimento que está na base de todo o pensamento de Simone Weil sobre o Judaísmo".[54] Em seus escritos, Simone menciona o risco de idolatria que acompanha a noção judaica de "povo eleito". Trata-se, a seu ver, de uma noção que reitera a força de uma raça e nação, contrariando o conhecimento verdadeiro de Deus e de sua universalidade.[55]

A autenticidade, firmeza, paixão e abertura são traços que pontuam o perfil profético de Simone Weil. Nem todos, infelizmente, souberam captar o alcance de sua ousadia vital e de seu impressionante testemunho. Morreu muito jovem, aos 34 anos, tendo ainda um belo futuro no horizonte. Foi uma pioneira em várias frentes. São alvissareiras suas reflexões sobre a compaixão ao outro, o compromisso com os desventurados e a simpatia inter-

---

[51] Pétrement comenta em sua biografia essa dificuldade de Simone com o "'Deus dos exércitos', um Deus cruel que dá ordens de exterminar os cananeus etc." – PÉTREMENT, *Vida de Simone Weil*, p. 634. FIORI, *Simone Weil*, p. 274.

[52] PERRIN, *Mon dialogue avec Simone Weil*, p. 65.

[53] PÉTREMENT, *Vida de Simone Weil*, p. 556.

[54] BINGEMER, *Simone Weil. A força e a fraqueza do amor*, p. 153. Em trabalho mais recente, essa autora assinala que a relação de Simone Weil com o Judaísmo foi "bastante conflitiva". Inclinava-se a entender que a violência era parte constitutiva da religião judaica. Para Bingemer, tal perspectiva reflete uma "parcialidade de visão", que talvez no aprofundamento do diálogo com o Padre Perrin pudesse ganhar um matiz diferenciado. Mas isso não ocorreu. Ver, a respeito: BINGEMER (org.), *Simone Weil e o encontro entre as culturas*, p. 236-237.

[55] WEIL, *Lettre à un religieux*, p. 19. *Pensamentos desordenados*, p. 40.

-religiosa. Antecipou intuições fundamentais que somente serão abraçadas pela Igreja Católica muitos anos depois. Muitos de seus lampejos permanecem ainda em aberto, desafiando o tempo. O generoso amor que ela soube expressar tão bem ao longo da vida fez dela uma autêntica "amiga de Deus". Seu amor a Deus foi tão profundo que se irradiou pela totalidade da criação. Simone dizia que a mirada é o que reflete uma das verdades mais capitais do Cristianismo. Soube, como poucos, dirigir sua mirada para a "pureza perfeita". Isso se deve ao fato de estar sempre animada por amigos de Deus verdadeiros, como os místicos e os santos. Nada mais importante para ela do que essa amizade gratuita com os amigos de Deus, os únicos a facultarem esse exercício autêntico de manutenção do olhar fixado intensamente em Deus.[56]

---

[56] Id., *Attente de Dieu*, p. 51.

Referências bibliográficas

ALLCHIN, D. et al. *Thomas Merton. Solitudine e comunione.* Magnano: Quiqajon, 2006.

AMALADOSS, Michael. *Pela estrada da vida.* Prática do diálogo inter-religioso. São Paulo: Paulinas, 1996.

BAKER, Rob; HENRY, Gray. *Merton & Sufism.* Louisville: Fons Vitae, 1999.

BARTHELET, Philippe. *Entretiens avec Gustave Thibon.* Paris: Éditions du Rocher, 2001.

BASETTI SANI, G. *Louis Massignon.* Firenze: Alinea, 1985.

BERGER, P. L.; LUCKMANN, T. *Modernidade, pluralismo e crise de sentido.* Petrópolis: Vozes, 2004.

BEAUVOIR, Simone de. *Mémoire d'une jeune fille rangée.* Paris: Gallimard, 1958.

BÉTHUNE, P.-F. *L'hospitalité sacrée entre les religiones.* Paris: Albin Michel, 2007.

BINGEMER, Maria Clara. *Simone Weil.* A força e a fraqueza do amor. Rio de Janeiro: Rocco, 2007.

_____ (org.) *Simone Weil e o encontro entre as culturas.* São Paulo: Paulinas/PUC-Rio, 2009.

BRUNTON, P. *A Índia secreta.* São Paulo: Pensamento, 1996.

CALZA, S. *La contemplazione, Via privilegiata al dialogo cristiano-induista.* Milano: Paoline, 2001.

CANCIANI, Domenico. *Tra sventura e bellezza.* Riflessione religiosa e esperienza mistica in Simone Weil. Roma: Lavoro, 1998.

CARDENAL, Ernesto. *Vida perdida.* Memórias 1. Madrid: Trotta, 2005.

CARRASCO, D. Os que partem para uma jornada sagrada. *Concilium* (Br) 266/4 (1996) 10-23.

CONIO, C. *Abhishiktānanda sulle frontiere dell'incontro cristiano-indù.* Assisi: Cittadella Editrice, 1994.

DA MATTA, Roberto. *Relativizando.* Uma introdução à antropologia social. 2. ed. Rio de Janeiro: Rocco, 1990.

DALAI LAMA. *O dalai lama fala de Jesus.* Rio de Janeiro: Fissus, 1999.

DALL'OGLIO, Paolo. *Innamorato dell'islam, credente in Gesù.* Milano: Jaca Book, 2011.

DANIÉLOU, Jean. *Sobre o mistério da história.* São Paulo: Herder, 1964.

DAVY, M.-M. *Henri le Saux. Le passeur entre deux rives.* Paris: Albin Michel, 1997.

DI NICOLA, Giulia Paula; DANESE, Attilio. *Abismos e ápices.* São Paulo: Loyola, 2003.

DOUGLAS, Mary. *Pureza e perigo.* 2. ed. São Paulo: Perspectiva, 2010.

DREVET, C. (ed.). *Massignon et Gandhi. La contagion de la verité.* Paris: Cerf, 1967.

DU BOULAY, S. *La grotte du coeur. La vie de Swami Abhishiktananda (Henri le Saux).* Paris: Cerf, 2007.

DUPUIS, Jacques. *Gesù Cristo incontro alle religioni.* Assisi: Cittadella Editrice, 1991.

_____. *O cristianismo e as religiões.* Do desencontro ao encontro. São Paulo: Loyola, 2004.

_____. *Rumo a uma teologia cristã do pluralismo religioso.* São Paulo: Paulinas, 1999.

DUQUOC, C. *O único Cristo.* A sinfonia adiada. São Paulo: Paulinas, 2008.

_____; ELIZONDO, V. Peregrinação: ritual permanente da humanidade. *Concilium* (Br) 266 (1996).

FARCET, Giles. *Thomas Merton, un trappista face à l'Orient.* Paris: Albin Michel, 1990.

FIORI, Gabriela. *Simone Weil.* Milano: Garzanti, 2006.

GEFFRÉ, Claude. *Profession théologien. Quelle pensée chrétienne pour le XXI siècle?* Paris: Albin Michel, 1999.

GESCHÉ, A. *O sentido.* São Paulo: Paulinas, 2005.

GIRA, Dennis; SCHEUER, Jacques (eds.). *Vivre de plusieurs religions.* Promesse ou illusion? Paris: Les Éditions de L'Atelier, 2000.

GODMAN, D. (ed.). *Sii ciò che sei. Ramana Maharshi e il suo insegnamento.* Vicenza: Il Punto d'Incontro, 2007.

HARPIGNY, G. *Islam et Christianisme selon Louis Massignon.* Louvain-la-Neuve: Centre d'histoire des religions de l'Université Catholique de Louvain-la-Neuve, 1981.

HART, Patrick; MONTALDO, Jonathan (eds.). *Merton na intimidade.* Rio de Janeiro: Fissus, 2001.

HEIDEGGER, Martin. *O caminho do campo.* São Paulo: Duas Cidades, 1969.

HINZE, B. E. *Herdeiros de Abraão.* São Paulo: Paulus, 2007.

KERYELL, J. *Il giardino di Dio.* Con Louis Massignon incontro all'islam. Bologna: EMI, 1997.

KING, Robert H. *Thomas Merton and Tich Nhat Hanh.* New York: Continuum, 2003.

KNITTER, Paul F. *Introduzione alle teologia delle religioni.* Brescia: Queriniana, 2005.

LE SAUX, Henri. *Diario spirituale di un monaco cristiano-samnyāsin hindū.* Milano: Mondadori, 2001.

_____. *Gnānānanda, un maître spirituel du pays tamoul.* Paris: Présence, 1970.

_____. *Iniciation à la spiritualité des Upanishad.* Paris: Présence, 1979.

_____. *Intériorité et révélation;* essais théologiques. Sisteron: Presence, 1982.

_____. *Lettres d'un sannyāsī chrétien à Joseph Lemarié.* Paris: Cerf, 1999.

_____. *Ricordi di Arunāchala.* Racconto di un eremita cristiano in terra hindu. Padova: Edizione Messaggero Padova, 2004.

_____. *Risveglio a sé risveglio a Dio.* Sotto il Monte: Servitium, 1996.

_____; BAUMER, O.; PANIKKAR, R. *Alle sorgenti del Gange.* Pellegrinaggio spirituale. Milano: Cens, 1994.

LÓPEZ-BARALT, Luce; PIETRA, Lorenzo. *El sol a medianoche.* Madrid: Trotta, 1996.

LUCCHESI, Marco. *Os olhos do deserto.* Rio de Janeiro: Record, 2000.

MARCHETTI, Adriano (ed.). *Simone Weil-Joë Bousquet. Corrispondenza.* Milano: SE SRL, 1994.

MARITAIN, J. *O camponês do Garona.* Lisboa: União Gráfica, 1967.

MASSIGNON, D. *Le voyage en Mésopotamie et la conversion de Louis Massignon en 1908.* Paris: Cerf, 2001.

MASSIGNON, Louis. *Écrits memorables.* Paris: Robert Laffont, 2009. I et II.

_____. *Il soffio dell'islam.* La mistica araba e la letteratura occidentale. Milano: Medusa, 2008.

_____. *La passion de Husayn ibn Mansûr Hallâj.* Paris: Gallimard, 1975. I à IV.

_____. *La suprema guerra santa dell'islam.* Troina: Città Aperta, 2003.

_____. *Les trois prières d'Abraham.* Paris: Cerf, 1997.

_____. *L'hospitalité sacrée.* Paris: Nouvelle Cité, 1987.

_____. *L'ospitalità di Abramo.* All'origine di ebraismo, cristianesimo e islam. Milano: Medusa, 2002.

_____. *Mystique en dialogue.* Paris: Albin Michel, 1992.

_____. *Parole donne.* Paris: Seuil, 1983.

MERTON, Thomas. *A experiência interior.* São Paulo: Martins Fontes, 2007.

_____. *A montanha dos sete patamares.* 6. ed. São Paulo: Mérito, 1958.

_____. *A via de Chuang Tzu.* 3. ed. Petrópolis: Vozes, 1977.

_____. *Diálogos com o silêncio.* Rio de Janeiro: Fissus, 2003.

_____. *Il coraggio della verità.* Casale Monferrato: Piemme, 1997.

_____. *Incursiones en lo indecible.* Barcelona: Pomaire, 1967.

_____. *Místicos e mestres zen.* Rio de Janeiro: Civilização Brasileira, 1972.

_____. *Na liberdade da solidão.* Petrópolis: Vozes, 2001.

_____. *Novas sementes de contemplação.* Rio de Janeiro: Fissus, 2001.

_____. *Peace in the Pos-Christian Era.* Maryknoll: Orbis Books, 2004.

_____. *Poesia e contemplação.* Rio de Janeiro: Agir, 1972.

_____. *Reflexões de um espectador culpado.* Petrópolis: Vozes, 1970.

_____. *Semi de contemplazione.* Milano: Garzanti, 1991.

_____. *Um manual de não violência.* Revista de Cultura Vozes, v. 89, n. 5, p. 3-29, 1995.

_____. *Zen e as aves de rapina.* Rio de Janeiro: Civilização Brasileira, 1972.

_____; CARDENAL, Ernesto. *Correspondência (1959-1968).* Madrid: Trotta, 2003.

MONCHANIN, J. *Lettres au Père Le Saux.* Paris: Cerf, 1995.

_____; LE SAUX, H. *Eremitas do Saccidânanda.* Belo Horizonte: Itatiaia, 1959.

MONTALDO, Jonathan (ed.). *Un año con Thomas Merton.* Meditaciones de sus "Diarios". Santander: Sal Terrae, 2006.

MONTJOU, Guyonne de. *Mar Musa. Un monastero, un uomo, un deserto.* Milano: Paoline, 2008.

MOTT, Michael. *The seven mountains of Thomas Merton.* Boston: Houghton Mifflin Company, 1984.

PANIKKAR, Raimon. *Cristofania.* Bologna: EDB, 1994.

_____. *Éloge du simple.* Le moine comme archétype universel. Paris: Albin Michel, 1995.

_____. *Entre Dieu et le cosmos.* Paris: Albin Michel, 1998.

_____. *Il Cristo sconosciuto dell'induismo.* Milano: Jaca Book, 2008.

_____. *Il dharma dell'induismo.* Milano: BUR, 2006.

_____. *Il dialogo intrareligioso.* Assisi: Cittadella, 1988.

_____. *La nuova innocenza 3.* Sotto il Monte: Servitium, 1996.

_____. *La plenitude de l'homme.* Arles: Actes Sud, 2007.

_____. *L'esperienza della vita.* La mistica. Milano: Jaca Book, 2005.

_____. *L'incontro indispensabile;* dialogo delle religioni. Milano: Jaca Book, 2001.

_____. *Mistica pienezza di vita.* Milano: Jaca Book, 2008.

_____. Religion (Dialogo intrareligioso). In: FLORISTAN, Casiano; TAMAYO, Juan José (Eds.). *Conceptos fundamentales del cristianismo.* Madrid: Trotta, 1993.

_____. *The Unknown Christ of Hinduism.* London: Darton Longman & Tod, 1964.

_____. *Trinità ed esperienza religiosa dell'uomo.* Assis: Cittadella Editrice, 1989.

_____. *Vita e parola.* La mia opera. Milano: Jaca Book, 2010.

_____; CARRARA, M. *Pellegrinaggio al Kailâsa.* Troina: Servitium, 1996.

PÉRENNÈS, J.-P. *Georges Anawati (1905-1994). Un chrétien égyptien devant le mystère de l'islam.* Paris: Cerf, 2008.

PERRIN, Joseph-Marie. *Mon dialogue avec Simone Weil*. Paris: Nouvelle Cité, 1984.

_____ et al. *Réponses aux questions de Simone Weil*. Paris: Aubier, 1964.

_____; THIBON, Gustave. *Simone Weil come l'abbiamo conosciuta*. Milano: Ancora, 2000.

PÉTREMENT, Simone. *Vida de Simone Weil*. Madrid: Trotta, 1997.

PORETE, M. *Lo specchio delle anime semplice*. Cinisello Balsamo: San Paolo, 1994.

PRIETO, V. P. *Más allá de la fragmentación de la teología. El saber y la vida; Raimon Panikkar*. Valencia: Tirant lo Blanch, 2008.

RAVIER, André (ed.). *La mistica e le mistiche*. Cinisello Balsamo: San Paolo, 1996.

RIZZARDI, G. *L. Massignon (1883-1962)*. Un profilo dell'orientalista cattolico. Milano: Glossa, 1996.

ROCALVE, P. *Louis Massignon et l'islam*. Damas: Institut Français de Damas, 1993.

RUSPOLI, S. *Le message de Hallâj l'expatrié*. Paris: Cerf, 2005.

SAID, E. *Orientalismo. O Oriente como invenção do Ocidente*. São Paulo: Companhia das Letras, 2001.

SECRETARIADO PARA OS NÃO CRISTÃOS. *A Igreja e as outras religiões*. Diálogo e Missão, São Paulo: Paulinas, 2001. (Coleção Documentos da Igreja, n. 5.)

SEVENAER, Christian van Nispen tot. *Chrétiens et musulmans. Frères devant Dieu?* Paris: Éditions de l'Atelier, 2009.

SHANNON, William H. *Silent Lamp*. The Thomas Merton Story. New York: Crossroad, 1992.

_____ et al. *The Thomas Merton Enciclopedia*. Maryknoll: Orbis Books, 2002.

SHIMMEL, A. *Le soufisme ou les dimensions mystiques de l'islam*. Paris: Cerf, 1996.

SILESIUS, A. *Il pellegrino cherubico*. Cinisello Balsamo: San Paolo, 1989.

STUART, J. S. *Le bénédictin et le grand éveil*. Paris: J.Maisonneuve, 1999.

THOLENS, Cornelius J. A. *Incontri di um monaco tra Oriente e Ocidente*. Milano: Ancora, 1991.

THURSTON, Bonnie Bowman (Ed.). *Merton & Buddhism*. Louisville: Fons Vitae, 2007.

TILLICH, Paul. *Le christianisme et les religions*. Paris: Aubier, 1968.

TRACY, David. *A imaginação analógica. A teologia cristã e a cultura do pluralismo*. São Leopoldo: Editora Unisinos, 2004.

_____. *Pluralidad y ambiguedad*. Hermenéutica, religión, esperanza. Madrid: Trotta, 1987.

TURNER, Victor W. *O processo ritual*. Estrutura e antiestrutura. Petrópolis: Vozes, 1974.

VALERA, Lúcio. *A ponte entre as duas margens. A experiência inter-religiosa de Henri le Saux*. Dissertação de mestrado apresentada no Programa de Pós-Graduação em Ciência da Religião da Universidade Federal de Juiz de Fora, 2007.

VIDAL, Jacques. *L'Église et les religions.* Paris: Albin Michel, 1992.
WEIL, Simone. *Attente de Dieu.* Paris: Fayard, 1966.
_____. *L'amicizia pura.* Un itinerário spirituale. Troina: Città Aperta, 2005.
_____. *L'enracinement.* Prélude à une déclaration des devoirs envers l'être humain. Paris: Gallimard, 1949.
_____. *Lettre à un religieux.* Paris: Gallimard, 1951.
_____. *Pensamientos desordenados.* Madrid: Trotta, 1995.